Wok

Grillen

Tapas

Schokolade

Schnelle Gerichte

Cocktails

Desserts

Partyküche

Cupcakes & Muffins

Vegan

Säfte & Shakes

Studenten Küche

Vegetarisch

Backen

Picknick

Im Freien schmeckt's am besten!

Parragon

Bath • New York • Cologne • Melbourne • Delhi
Hong Kong • Shenzhen • Singapore

Parragon Books Ltd
Chartist House
15–17 Trim Street
Bath BA1 1HA, UK
www.parragon.com

Realisation der deutschen Ausgabe: trans texas publishing services GmbH, Köln
Lektorat: Şebnem Yavuz
Satz: lesezeichen Verlagsdienste, Köln

ISBN 978-1-4748-3747-7

Printed in China

Hinweis

Sofern die Schale von Zitrusfrüchten benötigt wird, verwenden Sie unbedingt unbehandelte Früchte. Sind Zutaten in Löffeln angegeben, ist immer ein gestrichener Löffel gemeint. Ein Teelöffel entspricht 5 ml, ein Esslöffel 15 ml.

Sofern nicht anders angegeben, wird Vollmilch (3,5 % Fett) verwendet. Es sollte stets frisch gemahlener schwarzer Pfeffer verarbeitet werden.

Bei Eiern und einzelnen Gemüsesorten, z. B. Kartoffeln, verwenden Sie mittelgroße Exemplare. Kinder, ältere Menschen, Schwangere, Kranke und Rekonvaleszenten sollten auf Gerichte mit rohen oder nur leicht gegarten Eiern verzichten.

Die angegebenen Zeiten können von den tatsächlichen leicht abweichen, da je nach verwendeter Zubereitungsmethode und vorhandenem Backofentyp Schwankungen auftreten.

Inhaltsverzeichnis

Einleitung

Einleitung

Gibt es im Sommer eine schönere Art, ganz ungezwungen gutes Essen zu genießen, als bei einem Picknick im Grünen? Ob gemeinsam mit der Familie, mit Freunden oder ganz romantisch zu zweit beim Sonnenuntergang – in diesem Buch finden Sie garantiert die richtigen Rezepte, um Ihr Picknick zu etwas ganz Besonderem zu machen!

Was braucht man aber, um es sich bei einem Picknick richtig gemütlich zu machen? In jedem Fall sollten Sie eine Decke im Gepäck haben, auf der Sie sich bequem ins Gras legen können. Wenn Sie zum Essen auf einen Tisch nicht verzichten möchten, eignet sich besonders eine Bierbankgarnitur. Auch ein Pavillon, der vor Regen schützt, kann sehr nützlich sein. Hier sind Ihrer Fantasie keine Grenzen gesetzt.

Das wichtigste Utensil für ein Picknick ist jedoch eine Kühlbox, bestückt mit Kühlakkus und Eisbeuteln, um Ihre Speisen kalt zu halten. Mithilfe von

Thermoskannen können Sie Ihre selbstgemachten Säfte und Limonaden auch am Picknickplatz erfrischend kühl halten, wenn Sie sie mit Eiswürfeln auffüllen.

Im Verlauf eines Picknicks wird jedoch jeder Kühlakku irgendwann auftauen und jedes Eis schmilzen. Lebensmittelreste, die möglicherweise nach dem Picknick übrigbleiben, sollten Sie deshalb auf keinen Fall für später aufbewahren. Am besten vermeiden Sie bei einem Picknick generell Speisen und Getränke mit Milchprodukten, da diese ungekühlt besonders schnell verderben. Zu Hause vorbereitete Blattsalate bleiben knackig, wenn man das Dressing erst kurz vor dem Servieren darübergibt.

Es empfiehlt sich, verschließbare Schüsseln und Dosen sowie Plastikteller und Campingbesteck zu benutzen. Diese können nach dem Picknick gespült und wiederverwendet werden. Natürlich können Sie auch Einweg-Plastikbesteck und Pappteller kaufen, aber damit produzieren Sie viel Müll.

Apropos Müll: Sie sollten stets ausreichend große Abfallbeutel dabei haben, um den Picknickplatz sauber zu hinterlassen.

Alle Rezepte in diesem Buch sind einfach zuzubereiten und bieten viele Variationsmöglichkeiten. Somit steht einem genussvollen Tag im Grünen garantiert nichts mehr im Weg.

Fingerfood & Säfte

Geröstete Kichererbsen

Fingerfood & Säfte

Zutaten für 4 Personen

- 2 EL Olivenöl
- 1 TL grob zerstoßene Kreuzkümmelsamen
- 1 TL geräuchertes Paprikapulver
- ¼ TL gemahlener Piment
- ¼ TL Zimt
- ½ TL Meersalz
- 800 g Kichererbsen aus der Dose, abgetropft
- 2 EL Dattelsirup

So geht's

Den Backofen auf 200 °C vorheizen. Das Öl auf ein tiefes Backblech geben und 3–4 Minuten im Ofen erhitzen.

Kreuzkümmelsamen, Paprikapulver, Piment, Zimt und Salz in einer kleinen Schüssel gut vermischen.

Die Kichererbsen auf das Backblech geben, mit dem Dattelsirup beträufeln und mit der Gewürzmischung bestreuen. Alles durchmischen und 15–20 Minuten im vorgeheizten Ofen unter einmaligem Rühren knusprig goldbraun rösten.

Die würzigen Kichererbsen abkühlen lassen und in eine Schüssel füllen. Eventuelle Reste lassen sich nach dem Picknick gut im Kühlschrank aufbewahren.

Nussmischung

Fingerfood & Säfte

Zutaten für 4 Personen

- 1 EL Olivenöl
- 2 frische Rosmarinzweige, Nadeln abgezupft
- 55 g Cashewkerne
- 55 g Pekannusskerne
- 55 g Mandelkerne
- 55 g Haselnusskerne
- ½ TL Meersalz

So geht's

Das Öl mit dem Rosmarin in einer Pfanne erhitzen, dann rühren, damit die Rosmarinnadeln vollständig mit Öl überzogen sind. Alle Nüsse zugeben und bei mittlerer Hitze 2–3 Minuten unter gelegentlichem Rühren rösten.

Das Salz einrühren, dann die Nüsse abkühlen lassen und in eine Schüssel füllen. Übrig gebliebene Nüsse können nach dem Picknick bis zu 3 Tagen im Kühlschrank gelagert werden.

Geröstete Edamame

Fingerfood & Säfte

Zutaten für 4 Personen

- 350 g TK-Edamame (grüne Sojabohnen)
- 5-cm-Stück frische Ingwerwurzel, geschält und fein gerieben
- 1 TL grob zerstoßene Sichuan-Pfefferkörner
- 1 EL Sojasauce
- 1 EL Olivenöl
- 3 kleine Sternanise
- 40 g getrocknete Cranberrys

So geht's

Den Backofen auf 180 °C vorheizen. Die Sojabohnen auf ein Backblech geben, mit Ingwer und Pfefferkörnern bestreuen, mit Sojasauce beträufeln und vermischen.

Die Sternanise dazugeben. Ohne Abdeckung in den vorgeheizten Ofen schieben und 15 Minuten rösten.

Die Cranberrys einrühren und auskühlen lassen. In ein Schraubglas gefüllt ist die Mischung bereit für das Picknick.

Käse-Quinoa-Cracker

Fingerfood & Säfte

Zutaten für 4 Personen

- 40 g gelbe Leinsamen, plus 1 EL mehr zum Bestreuen
- 115 g Quinoamehl
- ½ TL Senfpulver
- ¼ TL Meersalz
- 1 Prise Cayennepfeffer
- 55 g Butter, gewürfelt
- 55 g Emmentaler, fein gerieben
- 2 Eier, 1 verquirlt, 1 getrennt
- 1 EL Sesamsaat

Salsa

- 2 Tomaten, in Spalten geschnitten
- 1 Frühlingszwiebel, in Ringe geschnitten
- 2–3 Korianderstängel, gehackt
- Meersalz und Cayennepfeffer

So geht's

Den Backofen auf 190 °C vorheizen. Die Leinsamen in einer Gewürzmühle grob mahlen, dann in eine Schüssel geben und mit Quinoamehl, Senfpulver, Salz und Cayennepfeffer vermischen.

Die Butter mit den Fingerspitzen einarbeiten, bis die Mischung feinkrümelig ist. Den Käse untermischen, dann verquirltes Ei und Eigelb zugeben und mit den Händen zu einem groben Teig verarbeiten.

Den Teig durchkneten. Dann zwischen 2 Lagen Backpapier legen und zu einem Rechteck (25 cm × 20 cm) ausrollen. In 2,5 cm breite und 10 cm lange Streifen schneiden. Die Streifen vorsichtig trennen, aber mit leichtem Abstand zueinander auf dem Backpapier lassen. Ein Backblech unterschieben.

Das Eiweiß leicht verquirlen und die Teigstreifen damit bestreichen. Mit je 1 Esslöffel Sesamsaat und Leinsamen bestreuen. Im vorgeheizten Ofen 12–15 Minuten goldbraun backen. Dann auf dem Papier abkühlen lassen.

Inzwischen für die Salsa Tomaten, Frühlingszwiebel und Koriander vermischen. Die Salsa mit Salz und Cayennepfeffer würzen und zu den Crackern servieren.

Gemüsechips

Fingerfood & Säfte

Zutaten für 4 Personen

- 1 kg Wurzelgemüse, z. B. Karotten, Pastinaken, Süßkartoffeln, in sehr feine Scheiben geschnitten
- 4 EL Olivenöl
- Meersalz und Pfeffer

Kräuter-Knoblauch-Dip

- 200 g griechischer Joghurt
- 2 Knoblauchzehen, fein gehackt
- 4 EL frisch gehackte Kräuter, z. B. glatte Petersilie, Schnittlauch, Basilikum und Oregano

So geht's

Den Backofen auf 200 °C vorheizen. Für den Dip den Joghurt in eine Schale geben, Knoblauch und Kräuter einrühren und alles mit Salz und Pfeffer würzen. Abgedeckt kalt stellen.

Die Gemüsescheiben in eine große Schüssel geben. Das Öl langsam unter Rühren darüberträufeln, bis alles gut überzogen ist.

Die Gemüsescheiben in je einer Lage auf drei Backblechen verteilen. Mit Salz und Pfeffer bestreuen. 8–10 Minuten backen, dann das Gargut prüfen. Gemüse, das schon knusprig ist (vor allem an den Rändern der Bleche), herausnehmen und auf einem Gitter abkühlen lassen. Die restlichen Chips 2–3 Minuten weiterrösten, dann zu den anderen auf das Gitter geben und abkühlen lassen.

Die Gemüsechips in eine Schüssel füllen und dazu den Dip reichen.

Scharfsaure Zucchini

Fingerfood & Säfte

Zutaten für 4 Personen

- 2 große Zucchini
- 1 TL Salz
- 2 EL Erdnussöl
- 1 TL Sichuan-Pfefferkörner, zerstoßen
- ½–1 rote Chili, entkernt und in dünne Streifen geschnitten
- 1 große Knoblauchzehe, in dünne Scheiben geschnitten
- ½ TL fein gehackte Ingwerwurzel
- 1 EL Reisessig
- 1 EL helle Sojasauce
- 2 TL Zucker
- 1 Frühlingszwiebel, in dünne Ringe geschnitten
- einige Tropfen Sesamöl und 1 TL Sesamsaat, zum Garnieren

So geht's

Die Zucchini in Scheiben schneiden, in ein großes Sieb geben, mit dem Salz bestreuen und wenden. Mit einem Teller abdecken und beschweren. 20 Minuten abtropfen lassen. Das Salz abspülen und die Scheiben zum Trocknen auf Küchenpapier ausbreiten.

Einen Wok auf starker Stufe erhitzen und das Öl hineingießen. Pfefferkörner, Chili, Knoblauch und Ingwer zugeben und 20 Sekunden anbraten, bis der Knoblauch gerade zu bräunen beginnt.

Die Zucchinischeiben hineingeben und wenden. Essig, Sojasauce und Zucker zugeben und 2 Minuten pfannenrühren. Die Frühlingszwiebeln einrühren und 30 Sekunden mitbraten. Mit Sesamöl und -saat bestreuen und in eine Schüssel füllen.

Dreierlei Quinoapower

Fingerfood & Säfte

Zutaten für 24 Stück

- 115 g Quinoa
- 350 ml kochendes Wasser
- 3 Tomaten, halbiert
- 2 Knoblauchzehen, gehackt
- 2 TL frische Thymianblätter
- Meersalz und Pfeffer
- 2 EL Olivenöl
- 115 g junger Spinat, abgespült und abgetropft
- 175 g Feta (Abtropfgewicht), fein zerkrümelt
- 1 Prise frisch geriebene Muskatnuss
- 25 g entsteinte schwarze Oliven, fein gehackt
- 1 EL frisch gehacktes Basilikum
- süße Chilisauce, zum Servieren (nach Belieben)

So geht's

Quinoa und Wasser in einen Topf geben und 20 Minuten bei mittlerer Hitze unter gelegentlichem Rühren köcheln lassen, bis die Quinoa weich ist und das Wasser vollständig aufgenommen hat.

Inzwischen den Backofengrill vorheizen. Die Tomaten mit der Schnittseite nach oben auf einen mit Alufolie belegten Grillrost legen. Mit Knoblauch, Thymian und etwas Salz und Pfeffer bestreuen. Mit 1 Esslöffel Öl beträufeln und 10 Minuten grillen.

Den Spinat in eine beschichtete Pfanne geben und 2–3 Minuten garen, bis er zusammenfällt. Aus der Pfanne heben und fein hacken. Dann mit einem Drittel der Quinoa und des Käses vermischen und mit ein wenig Muskat, Salz und Pfeffer würzen.

Die Tomaten schälen, hacken und zum Saft in die Spinatpfanne geben. Ein weiteres Drittel der Quinoa zugeben und 2–3 Minuten garen. Vom Herd nehmen und ein Drittel des Käses einrühren.

Die restliche Quinoa mit restlichem Käse, Oliven, Basilikum und etwas Salz und Pfeffer verrühren. Aus jeder Quinoaportion 8 Bällchen formen und bis zum Picknick in den Kühlschrank stellen.

Den Backofen auf 180 °C vorheizen. Ein tiefes Backblech mit Öl bestreichen. Die Quinoabällchen darauflegen und unter einmaligem Wenden 10 Minuten backen. Mit Chilisauce zum Dippen servieren.

Spinat-Feta-Tartelettes

Fingerfood & Säfte

Zutaten für 6 Stück

- 125 g Mehl, plus etwas mehr zum Bestäuben
- 1 Prise Salz
- 75 g kalte Butter, gewürfelt, plus etwas mehr zum Einfetten
- ½ TL frisch geriebene Muskatnuss
- 1–2 EL kaltes Wasser

Füllung

- 250 g Babyspinat
- 25 g Butter
- Salz und Pfeffer
- 150 g Crème fraîche
- 3 Eigelb
- 125 g Feta
- 50 g Pinienkerne

So geht's

6 Tarteletteformen mit Hebeboden (9 cm Ø) mit Butter einfetten. Mehl und Salz in eine Schüssel sieben. Die Butter mit den Fingerspitzen einarbeiten, bis die Mischung feinkrümelig ist. Muskat und so viel Wasser zugeben, dass ein geschmeidiger Teig entsteht.

Den Teig auf einer bemehlten Arbeitsfläche in 6 gleich große Stücke teilen, diese zu ca. 14 cm großen Kreisen ausrollen, in die vorbereiteten Formen legen und gut andrücken. Die Teigböden mit Backpapier auslegen, mit Backbohnen füllen und 30 Minuten im Kühlschrank kalt stellen. Den Backofen auf 200 °C vorheizen.

Die gekühlten Teigböden 10 Minuten im vorgeheizten Ofen blindbacken. Dann Bohnen und Backpapier entfernen.

In der Zwischenzeit für die Füllung den Spinat 1 Minute in kochendem Wasser blanchieren, abtropfen lassen, das Wasser ausdrücken und den Spinat hacken. Die Butter in einer Pfanne zerlassen, den Spinat hineingeben und leicht köcheln, damit das restliche Wasser verdunstet. Gut mit Salz und Pfeffer würzen, dann Crème fraîche und Eigelb einrühren. Den Feta auf die Teigböden krümeln und die Spinatcreme darauf geben.

Im vorgeheizten Ofen 10 Minuten backen. Die Tartelettes mit den Pinienkernen bestreuen und weitere 5 Minuten backen. Herausnehmen und abkühlen lassen.

Tomaten-Kräuter-Tarte

Fingerfood & Säfte

Zutaten für 6 Stück

- 500 g Blätterteig (Kühlregal)
- 3 EL Pesto rosso
- 250 g kleine Strauchtomaten, in Scheiben geschnitten
- 150 g Cocktailtomaten, halbiert
- 2 frische Rosmarinzweige, gehackt
- 2 EL Olivenöl
- 1 EL Balsamico-Essig
- 1 Eigelb
- 125 g italienische Salami, klein geschnitten
- Salz und Pfeffer
- frischer Thymian, zum Garnieren

So geht's

Den Backofen auf 190 °C vorheizen. Den Teig zu einem Rechteck (35 cm x 25 cm) ausrollen und auf ein Backblech legen. Den Pesto rosso auf der Teigplatte verstreichen, dabei einen 3 cm breiten Rand lassen. Mit den Tomatenscheiben belegen, darauf die halbierten Cocktailtomaten verteilen, mit dem Rosmarin bestreuen und mit 1 Esslöffel Olivenöl sowie Balsamico beträufeln. Den Teigrand mit dem Eigelb bestreichen und die Tarte 10 Minuten backen.

Die Salamistücke auf der Tarte verteilen und weitere 10–15 Minuten backen. Aus dem Ofen nehmen, mit Salz und Pfeffer würzen. Mit dem restlichen Olivenöl beträufeln und beim Picknick mit Thymian garnieren.

Minipizza

Fingerfood & Säfte

Zutaten für 2 Stück

- 3 Vollkorn-Toasties
- 2 EL Tomatenmark
- 2 EL Pesto
- 1 EL Olivenöl
- ½ rote Zwiebel, in dünne Ringe geschnitten
- 3 Champignons, in Scheiben geschnitten
- ½ Zucchini, in dünne Scheiben geschnitten
- 2–3 Scheiben gekochter Schinken, geviertelt
- 100 g mittelalter Gouda, gerieben

So geht's

Die Toasties goldbraun toasten, dann abkühlen lassen. Tomatenmark und Pesto gründlich verrühren und die Toastie-Hälften gleichmäßig damit bestreichen.

Den Backofengrill auf hoher Stufe vorheizen. Das Öl auf mittlerer Stufe in einer großen Pfanne erhitzen. Zwiebel, Champignons und Zucchini zugeben und braten, bis das Gemüse leicht angebräunt ist.

Das Gemüse auf die Toasties verteilen und mit Schinken und Käse belegen. 3–4 Minuten im vorgeheizten Ofen grillen, bis der Käse schmilzt und leicht gebräunt ist. Herausnehmen und abkühlen lassen.

Grüner Spargel

Fingerfood & Säfte

Zutaten für 16 Stück

- 16 Stangen grüner Spargel
- 8 feine Scheiben Serrano-Schinken, längs halbiert
- Olivenöl, zum Bestreichen
- Salz

So geht's

Die Spargelstangen an beiden Enden festhalten und biegen, bis das holzige Ende abbricht. Die Enden wegwerfen.

Leicht gesalzenes Wasser in einer großen Pfanne zum Kochen bringen. Den Spargel hineingeben und das Wasser wieder zum Kochen bringen. Den Herd ausschalten und den Spargel bei aufgelegtem Deckel 3–5 Minuten knackig gar ziehen lassen.

Den Spargel mit einer Küchenzange herausheben und in einer Schüssel mit Eiswasser abschrecken. Die Stangen trocken tupfen und mit je einem Schinkenstreifen umwickeln.

Eine gerippte Grillpfanne bei starker Hitze heiß werden lassen, dann dünn mit Öl bestreichen. Die umwickelten Spargelstangen portionsweise 3–5 Minuten unter gelegentlichem Wenden knusprig braten.

Die Spargelstangen in einer Dose aufbewahren und beim Picknick beispielsweise mit einem Aioli-Dip servieren.

Frühlingsrollen

Fingerfood & Säfte

Zutaten für 20 Stück

- 6 getrocknete chinesische Pilze, 20 Minuten in warmem Wasser eingeweicht
- 1 EL Pflanzen- oder Erdnussöl, plus etwas mehr zum Frittieren
- 225 g Schweinehackfleisch
- 1 TL dunkle Sojasauce
- 100 g Bambussprossen aus der Dose, abgetropft und in feine Streifen geschnitten
- 1 Prise Salz
- 100 g rohe Garnelen, ausgelöst, Darmfäden entfernt, gehackt
- 225 g Bohnensprossen, grob gehackt
- 1 EL fein gehackte Frühlingszwiebel
- 20 Frühlingsrollen-Teighüllen
- 1 Eiweiß, leicht verquirlt

So geht's

Das überschüssige Wasser aus den Pilzen ausdrücken. Die zähen Stiele abschneiden, die Pilzkappen in dünne Scheiben schneiden.

Einen Wok auf hoher Stufe erhitzen und das Öl hineingießen. Das Schweinefleisch darin pfannenrühren, bis es gut gebräunt und gar ist.

Dunkle Sojasauce, Bambussprossen, Pilze und Salz zugeben. Bei starker Hitze 3 Minuten braten.

Die Garnelen zugeben und 2 Minuten garen, bis sie rosa werden und sich einzurollen beginnen. Die Bohnensprossen hinzufügen und alles 1 weitere Minute garen. Vom Herd nehmen, die Frühlingszwiebel einrühren und abkühlen lassen.

Je 1 Esslöffel der Mischung auf den Teighüllen verteilen. Eine Teigecke über die Füllung schlagen, dann die Seiten so einschlagen, dass eine 10 cm lange Rolle entsteht. Weiter einrollen und mit dem Eiweiß versiegeln.

In einem großen Wok ausreichend Öl zum Frittieren auf 180–190 °C erhitzen (ein Brotwürfel sollte darin in 30 Sekunden bräunen). Die Frühlingsrollen portionsweise 5 Minuten frittieren, bis sie gleichmäßig goldbraun und knusprig sind. Abkühlen lassen und in einer Dose aufbewahren.

Gefüllte Minipaprika

Fingerfood & Säfte

Zutaten für 12 Stück

- 70 g Doppelrahm-Frischkäse
- 2 Knoblauchzehen, fein gehackt
- 2 TL fein gehackter frischer Rosmarin
- 1 EL fein gehacktes frisches Basilikum
- 1 EL fein gehackte frische Petersilie
- 15 g Parmesan, fein gerieben
- 150 g gegarte Hähnchenbrust, fein gehackt
- 3 Frühlingszwiebeln, fein gehackt
- Meersalz und Pfeffer
- 12 Mini-Paprika in verschiedenen Farben (350 g Gesamtgewicht)

So geht's

Den Backofen auf 190 °C vorheizen. Ein Backblech mit Backpapier auslegen.

Frischkäse, Knoblauch, Rosmarin, Basilikum und Petersilie in einer Schüssel vermischen, den Parmesan zugeben und alles mit einem Löffel verrühren.

Hähnchen und Frühlingszwiebeln zugeben, dann mit Salz und Pfeffer abschmecken.

Die Paprikafrüchte vom Stielansatz bis zur Spitze einritzen, dabei den Stiel nicht entfernen. Dann einen Schlitz quer hineinschneiden, sodass ein Teelöffel in die Paprika passt, um die Kerne herauszulöffeln.

Die Paprika mit der Hähnchen-Käse-Mischung füllen, dann auf das vorbereitete Backblech legen. Im vorgeheizten Ofen 15 Minuten backen, bis die Paprika weich und stellenweise leicht gebräunt sind.

Die gefüllten Paprika etwas abkühlen lassen, bevor sie für das Picknick eingepackt werden. Danach können sie noch 1 bis 2 Tage im Kühlschrank aufbewahrt werden.

Putenkroketten

Fingerfood & Säfte

Zutaten für 4 Personen

- 4 Frühlingszwiebeln, in je 4 Stücke geschnitten
- 1 kleine rote Paprika, entkernt und in Stücke geschnitten
- 1 Karotte, grob gerieben
- 2 TL frische Thymianblätter
- 500 g frisches Putenhackfleisch
- 1 TL Paprikapulver edelsüß
- 1 kleiner getrockneter Chipotle-Chili, fein gehackt
- Meersalz und Pfeffer
- 1 Ei
- 1 EL kaltes Wasser
- 25 g frisch geriebener Parmesan
- 55 g gelbe Leinsamen, fein gemahlen
- Olivenöl, zum Bestreichen

So geht's

Den Backofen auf 200 °C vorheizen. Ein Backblech mit Backpapier auslegen. Frühlingszwiebeln und Paprika in einer Küchenmaschine fein hacken. Karotte, Thymian und Putenfleisch zugeben, dann Paprikapulver, Chili und ein wenig Salz und Pfeffer darüberstreuen. Mixen, bis alles gut vermischt ist.

Mit einem Teelöffel 16 Portionen der Mischung abstechen, auf ein Schneidebrett legen und zu ovalen Kroketten formen.

Ei, Wasser und ein wenig Salz und Pfeffer in einem tiefen Teller vermischen. Käse und Leinsamen in einem zweiten tiefen Teller vermischen. Eine Krokette nach der anderen durchs Ei ziehen, dann mit zwei Gabeln herausheben, abtropfen und in der Käsemischung wenden. Auf das vorbereitete Backblech legen. Alle Kroketten auf diese Weise panieren.

Im vorgeheizten Ofen 20–25 Minuten backen, bis die Kroketten goldbraun sind. Nach der Hälfte der Backzeit einmal wenden und bei Bedarf mit Öl bestreichen. Zur Garprobe eine Krokette halbieren, der austretende Fleischsaft sollte klar sein und nicht rosa.

Die fertigen Kroketten abkühlen lassen und später beim Picknick beispielsweise mit Aioli oder einem Avocado-Dip servieren.

Würzige Hackbällchen

Fingerfood & Säfte

Zutaten für 4 Personen

- 675 g mageres Schweinehackfleisch
- 1 Knoblauchzehe, fein gehackt
- 1 TL frisch geriebene Ingwerwurzel
- 1 Prise gemahlene Nelken
- ½ TL frisch geriebene Muskatnuss
- ½ TL gemahlener Piment
- 2 Eigelb
- 40 g gemahlene Mandeln
- Salz und Pfeffer
- Öl, zum Braten

So geht's

Das Fleisch in eine große Schüssel geben. Knoblauch, Gewürze, Eigelb und Mandeln zugeben. Mit Salz und Pfeffer würzen und alles gut vermengen. Mit einem Eiscremeportionierer die Fleischmasse zu kleinen Kugeln formen.

Etwas Öl in eine große Pfanne geben und auf hoher Stufe erhitzen. Die Hackbällchen portionsweise hineingeben und 8–10 Minuten von allen Seiten braten, bis sie braun und gar sind.

Die Bällchen mit einem Schaumlöffel aus der Pfanne heben und auf Küchenpapier abtropfen lassen.

Die Hackbällchen abkühlen lassen und in einer Dose aufbewahren.

Chili mit Bohnen & Nachos

Fingerfood & Säfte

Zutaten für 4 Personen

- 2 EL Olivenöl
- 1 große Zwiebel, gehackt
- 1 große grüne Paprika, gehackt
- 2 Knoblauchzehen, zerdrückt
- 1 TL Chiliflocken
- 400 g Tomaten aus der Dose, fein gehackt
- Salz und Pfeffer
- 300 g Kidneybohnen aus der Dose, abgetropft
- 300 g weiße Bohnen aus der Dose, abgetropft
- 3 EL frisch gehackter Koriander
- Nachos, zum Servieren

So geht's

Das Öl in einer großen Pfanne auf mittlerer Stufe erhitzen. Zwiebel und Paprika zugeben und 8 Minuten pfannenrühren, bis sie leicht angebräunt sind.

Knoblauch und Chiliflocken, dann die Tomaten hinzufügen und 2 Minuten köcheln lassen. Mit Salz und Pfeffer würzen.

Beide Bohnensorten und Koriander zugeben und alles aufkochen, dann weitere 5 Minuten köcheln lassen. Mit Salz und Pfeffer abschmecken.

Das Chili in eine Schüssel füllen und beim Picknick zusammen mit den Nachos reichen.

Chorizo-Taschen

Fingerfood & Säfte

Zutaten für 16 Stück

- 200 g Mehl, plus etwas mehr zum Bestäuben
- 1½ TL Trockenbackhefe
- ½ TL Salz
- ¼ TL Zucker
- 125 ml warmes Wasser
- Sonnenblumenöl, zum Bestreichen
- 120 g Chorizo, ohne Pelle

So geht's

Für den Brotteig Mehl, Hefe, Salz und Zucker in eine große Schüssel geben. Eine Mulde in die Mitte drücken und das Wasser hineingeben. Vorsichtig das Mehl von außen nach innen einarbeiten. Mit den Händen kneten, bis ein weicher, elastischer Teig entsteht, der sich vom Schüsselrand löst.

Den Teig auf einer leicht bemehlten Arbeitsfläche 10 Minuten kneten. Er sollte glatt und nicht mehr klebrig sein. Den Teig zu einer Kugel formen und in eine saubere Schüssel legen. Abgedeckt an einem zugfreien, warmen Ort mindestens 1 Stunde gehen lassen, bis sich das Teigvolumen verdoppelt hat.

Unterdessen den Backofen auf 200 °C vorheizen. Ein Backblech mit Öl bestreichen. Die Chorizo in 16 Stücke schneiden. Den Teig auf einer leicht bemehlten Arbeitsfläche ausrollen und einige Minuten mit den Fingern flach drücken. Den Teig in 16 Stücke teilen. Jedes Stück zu einer Kugel formen und dann zu einem Kreis ausrollen.

Ein Chorizostück auf jeden Teigkreis setzen und den Teig um das Stück herum fest verschließen. Die Teigtaschen mit der Naht nach unten auf das Backblech legen.

Die Taschen backen, bis sie leicht gebräunt sind. Danach auskühlen lassen und in einer Dose aufbewahren.

Fischstäbchen mit Chilimayonnaise

Fingerfood & Säfte

Zutaten für 4 Personen

- 200 g Mehl (Type 405)
- Salz und Pfeffer
- 3 Eier, verquirlt
- 150 g Matzemehl
- 450 g festes Fischfilet, in Streifen geschnitten
- Sonnenblumen- oder Erdnussöl, zum Braten

Chilimayonnaise

- 2 EL süße Chilisauce
- 4–5 EL Mayonnaise

So geht's

Das Mehl in eine flache Schüssel geben. Mit Salz und Pfeffer würzen und gut vermengen. Die Eier in eine kleine Schüssel, das Matzemehl auf einen flachen Teller geben.

Die Fischstreifen zuerst in dem gewürzten Mehl wenden, dann in die Eimasse tauchen, dabei überschüssiges Ei zurück in die Schüssel tropfen lassen, und zuletzt im Matzemehl wenden.

Öl in einer großen Pfanne erhitzen und die Fischstäbchen portionsweise darin braten, bis sie durchgegart und goldbraun sind.

Chilisauce und Mayonnaise in eine Schale geben und gründlich verrühren.

Die Fischstäbchen beim Picknick mit der Chilimayonnaise servieren.

Falafel

Fingerfood & Säfte

Zutaten für 4 Personen

- 800 g Kichererbsen aus der Dose, abgespült und abgetropft
- 1 kleine Zwiebel, gehackt
- abgeriebene Schale und Saft von 1 Limette
- 2 TL gemahlener Koriander
- 2 TL gemahlener Kreuzkümmel
- Mehl, zum Bestäuben
- 4 EL Olivenöl
- frische Basilikumstängel, zum Garnieren

So geht's

Kichererbsen, Zwiebel, Limettenschale und -saft zusammen mit den Gewürzen in einer Küchenmaschine oder einem Mixer zu einer groben Paste verarbeiten und anschließend in eine Schüssel geben.

Die Mischung in vier Portionen teilen, mit Mehl bestäuben und zu Kugeln rollen. Anschließend flach drücken und zu Burgern in der gewünschten Dicke formen.

Das Öl in einer großen Pfanne auf mittlerer Stufe erhitzen. Die Burger darin 2 Minuten von jeder Seite braten, bis sie knusprig und durchgegart sind.

Beim Picknick können die Falafel gut mit einer würzigen Salsa zum Dippen gereicht werden und mit frischem Basilikum garniert werden.

Lachs-Meerrettich-Tartelettes

Fingerfood & Säfte

Zutaten für 6 Stück

Teig

- 125 g Mehl, plus etwas mehr zum Bestäuben
- 1 Prise Salz
- 70 g kalte Butter, gewürfelt, plus etwas mehr zum Einfetten
- 1–2 EL kaltes Wasser

Füllung

- 120 g Crème fraîche
- 1 TL Sahnemeerrettich
- ½ TL Zitronensaft
- 1 TL gehackte Kapern
- Salz und Pfeffer
- 3 Eigelb
- 200 g geräucherter Lachs, in Streifen geschnitten
- 1 Bund frisch gehackter Dill, plus einige Stängel zum Garnieren (nach Belieben)

So geht's

6 Tarteletteformen mit Hebeboden (9 cm Ø) mit Butter einfetten. Mehl und Salz sieben, mit der Butter in einen Mixer geben und alles zu einer krümeligen Mischung mixen. In eine große Schüssel füllen und so viel kaltes Wasser zufügen, dass sich alles zu einem glatten Teig verarbeiten lässt.

Den Teig auf eine bemehlte Arbeitsfläche geben, in 6 gleich große Stücke teilen und diese zu Kreisen mit ca. 14 cm Durchmesser ausrollen. Die Kreise in die Formen drücken und mit einer Teigrolle über die Ränder fahren, um überstehenden Teig abzutrennen. Den Teig mit Backpapier auslegen, mit Backbohnen belegen und 30 Minuten kalt stellen. Den Backofen auf 200 °C vorheizen.

Die Tartelettes 10 Minuten blindbacken und dann Backbohnen und Papier entfernen. Währenddessen für die Füllung Crème fraîche, Meerrettich, Zitronensaft, Kapern, Salz und Pfeffer in einer Schüssel gut vermengen. Eigelb, Lachs und Dill zufügen und vorsichtig verrühren. Die Füllung auf die Tartelettes verteilen und diese weitere 10 Minuten im Ofen backen. Die Tartelettes abkühlen lassen und nach Belieben beim Picknick mit Dill garnieren.

Himbeerlimonade

Fingerfood & Säfte

Zutaten für 4 Personen

- 2 Zitronen
- 120 g Puderzucker
- 120 g frische Himbeeren
- 2 Tropfen Vanillearoma
- Sprudelwasser

So geht's

Die Schale und die weiße Schicht von den Zitronen abschneiden. Das Fruchtfleisch würfeln.

Die Zitronenwürfel mit Zucker, Himbeeren, Vanillearoma und 4–6 Eiswürfeln in einen Mixer geben. 2–3 Minuten mixen.

Die Limonade durch ein feines Sieb in eine Thermoskanne o. ä. gießen. Mit Sprudelwasser auffüllen.

Dunkelroter Durstlöscher

Fingerfood & Säfte

Zutaten für 4 Personen

- 4 Orangen, komplette Schale und etwas weiße Haut entfernt und entkernt
- 350 g gekochte Rote Beten
- 175 g Naturjoghurt
- 300 ml kaltes Wasser

So geht's

Einige Orangenfilets herausschneiden, halbieren und beiseitelegen, den Rest grob hacken. Mit den Roten Beten und Orange im Mixer glatt pürieren. Joghurt und Wasser zufügen und untermixen.

In eine Thermoskanne o. ä. gießen. Beim Servieren mit den Orangenfilets garnieren.

Melonen-Birnen-Ingwer-Fizz

Fingerfood & Säfte

Zutaten für 4 Personen

- 2 Honigmelonen, in dicke Scheiben geschnitten und geschält
- 4-cm-Stück frischer Ingwer
- 4 Birnen, halbiert
- 500 ml kaltes Sprudelwasser

So geht's

Melone, Ingwer und Birne in dieser Reihenfolge entsaften.

Den Saft in eine Thermoskanne o. ä. gießen und mit Sprudelwasser aufgießen.

Beerensinfonie

Fingerfood & Säfte

Zutaten für 4 Personen

- 600 g Erdbeeren
- 350 g Himbeeren
- 350 g Brombeeren
- 700 ml kaltes Wasser

So geht's

Erdbeeren, Himbeeren, Brombeeren und Wasser im Mixer glatt pürieren.

Den Saft in eine Thermoskanne o. ä. gießen. Wer mag, kann vorher auch einige Früchte beiseitelegen und auf Holzspieße stecken, um damit später den Saft beim Picknick zu garnieren.

Gemüse-Shake

Fingerfood & Säfte

Zutaten für 4 Personen

- 12 Orangen, komplette Schale und etwas weiße Haut entfernt, und entkernt
- 4 Karotten, halbiert
- 8 Tomaten, grob gehackt
- 500 ml kaltes Wasser
- 4 kleine grüne Chilis, halbiert
- 8 Selleriestangen, in dicke Scheiben geschnitten
- 8 TL Hanfsamenöl

So geht's

8 Orangen halbieren und mit den Karotten entsaften. Den Saft in einen Mixer gießen. Die anderen 4 Orangen grob hacken, die Kerne entfernen und das Fruchtfleisch mit Tomaten und Wasser in den Mixer geben. Alles zu einer glatten Mischung verarbeiten. Chilis und Sellerie zufügen und untermixen. Das Hanfsamenöl unterrühren und den Shake in eine Thermoskanne o. ä. füllen.

Mango-Supersaft

Fingerfood & Säfte

Zutaten für 4 Personen

- 8 Clementinen, komplette Schale und etwas weiße Haut entfernt
- 4 Mangos, entsteint und geschält
- 8 Äpfel, halbiert
- kaltes Wasser (nach Belieben)
- 4 TL flüssiger Honig

So geht's

Clementinen, Mangos und Äpfel entsaften.

Nach Geschmack mit Wasser aufgießen, Honig einrühren und den Saft in eine Thermoskanne o. ä. füllen.

Zitrusspritzer

Fingerfood & Säfte

Zutaten für 4 Personen

- 4 rosa Grapefruits
- 4 Orangen
- 2 Zitronen
- 2 Limetten

So geht's

Von allen Früchten die komplette Schale und etwas weiße Haut entfernen, anschließend entkernen und grob hacken.

Alle Zutaten in einem Mixer glatt pürieren und anschließend in eine Thermoskanne o. ä. gießen.

Wunderwaffe

Fingerfood & Säfte

Zutaten für 4 Personen

- Fruchtfleisch von 2 Avocados
- 500 g Heidelbeeren
- 500 g Erdbeeren, entstielt
- Saft von 4 Mandarinen oder kleinen Orangen
- 500 ml kaltes Wasser

So geht's

Avocados, Heidelbeeren, Erdbeeren, Mandarinensaft und Wasser im Mixer pürieren, bis eine glatte Mischung entsteht. In eine Thermoskanne o. ä. gießen.

Paprika-Booster

Fingerfood & Säfte

Zutaten für 4 Personen

- 500 ml Karottensaft
- 500 ml Tomatensaft
- 4 große rote Paprika, grob gehackt
- 4 EL Zitronensaft
- Pfeffer

So geht's

Karotten- und Tomatensaft kurz im Mixer oder in der Küchenmaschine verrühren.

Paprika und Zitronensaft hinzugeben, mit reichlich Pfeffer abschmecken und glatt pürieren. Den Saft in eine Thermoskanne o. ä. füllen.

Erfrischender Tomatensaft

Fingerfood & Säfte

Zutaten für 1 Person

- 2 Karotten, halbiert
- 1 Selleriestange, halbiert
- 2,5-cm-Stück Brokkolistängel
- 1 kleine Handvoll Basilikumblätter
- 4 Tomaten
- 1 kleine Handvoll zerstoßenes Eis (nach Belieben)

So geht's

Erst Karotten, dann Sellerie, Brokkoli und einen Großteil Basilikum entsaften. Als Letztes die Tomaten entsaften.

Ein Glas zur Hälfte mit Eis füllen, falls verwendet, und mit dem Saft aufgießen. Mit den restlichen Basilikumblättern garnieren und sofort servieren.

Sandwiches, Wraps, Dips & Aufstriche

Baguette mit gegrilltem Gemüse

Sandwiches, Wraps, Dips & Aufstriche

Zutaten für 4 Personen

- 1 kleine Aubergine
- 2 Knoblauchzehen
- 2 EL Olivenöl
- 2 rote, gelbe oder grüne Paprika
- 1 Zucchini
- 1 rote Zwiebel
- 4 Baguettebrötchen
- 4 EL Pesto verde
- 40 g Pecorino, frisch gehobelt
- Salz und Pfeffer

So geht's

Einen großen Teller mit einer doppelten Lage Küchenpapier auslegen. Die Aubergine in 5 mm dicke Scheiben schneiden und mit Salz bestreuen. Die Scheiben nebeneinander auf den vorbereiteten Teller legen. Den Knoblauch fein hacken und in einer kleinen Schüssel mit dem Öl vermischen. Die Paprika entstielen, entkernen und in Ringe schneiden. Die Zucchini der Länge nach in 5 mm breite Streifen schneiden. Die Zwiebel schälen und in 5 mm dicke Ringe schneiden. Die Auberginen mit Küchenpapier trocken tupfen und alle Gemüsesorten von beiden Seiten mit dem Knoblauchöl bestreichen. Mit Salz und Pfeffer bestreuen.

Den Backofengrill vorheizen. Eine Grillpfanne auf hoher Stufe erhitzen und das Gemüse nebeneinander hineinlegen. 4 Minuten von jeder Seite grillen, bis das Gemüse weich ist und die Grillstreifen sichtbar werden. In der Zwischenzeit die Brötchen aufschneiden und die Schnittflächen mit dem Pesto bestreichen.

Das gegrillte Gemüse auf die unteren Hälften der Brötchen schichten und mit dem Pecorino belegen. Auf ein Backblech setzen und unter den heißen Backofengrill schieben. 2 Minuten grillen, bis der Käse zu schmelzen beginnt. Die Oberseite der Brötchen auflegen.

Ciabatta mit Paprika

Sandwiches, Wraps, Dips & Aufstriche

Zutaten für 4 Personen

- 4 Ciabatta-Brötchen
- 2 EL Olivenöl
- 1 Knoblauchzehe, zerdrückt
- 1 rote Paprika
- 1 grüne Paprika
- 1 gelbe Paprika
- 4 Radieschen, in Scheiben geschnitten
- 1 Handvoll Brunnenkresse
- 120 g Frischkäse

So geht's

Den Backofengrill vorheizen. Die Brötchen aufschneiden. Das Olivenöl zusammen mit dem Knoblauch in einer Pfanne erhitzen und die Brötchenhälften damit bestreichen. Beiseite stellen.

Die Paprika halbieren und entkernen. Mit den Schnittflächen nach unten unter den Grill schieben und 8–10 Minuten grillen, bis die Haut schwarz wird. Aus dem Grill nehmen und in eine Plastiktüte legen. Sobald die Paprika ausreichend abgekühlt sind, die Haut abziehen und das Fruchtfleisch in dünne Streifen schneiden.

Die vier unteren Brötchenhälften mit den Radieschenscheiben belegen und etwas Brunnenkresse darüberstreuen. Den Frischkäse daraufgeben, die gegrillten Paprikastreifen auf den Frischkäse schichten und die oberen Brötchenhälften auflegen.

Mediterrane Wraps

Sandwiches, Wraps, Dips & Aufstriche

Zutaten für 4 Personen

- 1 kleine Zucchini, in dicke Scheiben
- 1 rote Paprika, in Stücke
- 1 EL Olivenöl
- 4 weiche Wrap-Fladen
- 6 EL Tomatenmark
- 85 g Babyspinat, grob gehackt
- 4 Artischockenherzen in Öl, abgetropft und geviertelt
- 8 getrocknete Tomaten in Öl, abgetropft und geviertelt
- 16 entsteinte schwarze Oliven
- 50 g frisches Basilikum, Blätter zerzupft

So geht's

Den Backofen auf 190 °C vorheizen. Zucchini und Paprika nebeneinander auf ein Backblech legen. Mit dem Öl beträufeln und darin wenden. Im vorgeheizten Ofen 20 Minuten rösten, bis das Gemüse weich ist und zu bräunen beginnt.

Inzwischen die Fladen dünn mit dem Tomatenmark bestreichen. Mit dem Spinat belegen.

Geröstetes Gemüse, Artischocken, getrocknete Tomaten, Oliven und Basilikum in einer Schüssel vermengen und auf den Fladenbroten verteilen. Fest aufrollen und durchschneiden.

Wraps mit Roter Bete

Sandwiches, Wraps, Dips & Aufstriche

Zutaten für 4 Personen

- 275 g gegarte Rote Beten, gewürfelt
- 100 g Roquefort, zerkrümelt
- 100 g Walnüsse, halbiert
- 1 EL Mayonnaise
- 50 g Rucola
- 4 Mehrkorn-Wraps, 25 cm Ø
- Pfeffer

So geht's

Rote Beten, Roquefort, Walnüsse und Mayonnaise mischen und mit Pfeffer abschmecken. Vorsichtig den Rucola unterheben.

Eine beschichtete Pfanne oder Grillpfanne erhitzen. Die Wraps nacheinander von jeder Seite 10 Sekunden erhitzen. Dadurch werden sie weicher und nehmen etwas Farbe an.

Auf jedes Wrap in die Mitte etwas von der Rote-Bete-Mischung setzen. Die Seiten der Wraps einschlagen, dann die Wraps aufrollen, in der Mitte durchschneiden und sofort servieren.

Burritos mit schwarzen Bohnen

Zutaten für 8 Personen

- 60 g rote Quinoa, abgespült
- Salz und Pfeffer
- 2 EL Pflanzenöl
- 1 rote Zwiebel, grob gehackt
- 1 frischer grüner Chili, entkernt und fein gehackt
- 1 kleine rote Paprika, gewürfelt
- 400 g schwarze Bohnen aus der Dose, abgespült und abgetropft
- Saft von 1 Limette
- 15 g frischer Koriander, grob gehackt
- 2 Tomaten
- 8 Mais-Tortillas, erwärmt
- 125 g mittelalter Gouda, geraspelt
- 80 g Romanasalat, in Streifen geschnitten

So geht's

Die Quinoa mit 150 ml Wasser und einer Prise Salz in einen Topf geben und zum Kochen bringen. Den Deckel aufsetzen und die Körner bei sehr schwacher Hitze 15 Minuten garen. Den Topf vom Herd nehmen und die Körner bei aufgesetztem Deckel 5 Minuten ausquellen lassen. Mit einer Gabel auflockern.

Das Öl in einer Pfanne erhitzen. Je die Hälfte von Zwiebel, Chili und roter Paprika darin bei mittlerer Hitze weich dünsten. Bohnen, Quinoa, die Hälfte des Limettensafts und des Korianders untermischen und 3–4 Minuten erhitzen. Mit Salz und Pfeffer abschmecken.

Die Tomaten halbieren und entkernen. Die Kerne unter die Bohnenmischung rühren. Dann das Tomatenfleisch fein hacken und in eine Schüssel geben. Restliche Zwiebel, Chili, Paprika, Limettensaft und Koriander untermischen. Mit Salz und Pfeffer abschmecken.

Je 5 Esslöffel Bohnenmischung auf den Tortillas verteilen. Tomatensalsa, Käse und Salat daraufgeben. Die Seiten der Tortillas einschlagen und die Burritos aufrollen.

Crêpesröllchen

Sandwiches, Wraps, Dips & Aufstriche

Zutaten für 4 Personen

- 150 g Mehl
- 1 Prise Salz
- 250 ml Milch
- 100 ml Wasser
- 1 großes Ei
- 2 EL Olivenöl
- Sonnenblumenöl, zum Einfetten

Füllung

- 2 große Auberginen
- Salz und Pfeffer
- Olivenöl, zum Bestreichen
- 2 große rote Paprika, halbiert
- 250 g vegetarischer Frischkäse
- 1 Handvoll frische Basilikumblätter

So geht's

Für die Füllung die Auberginen längs in 8 mm dicke Scheiben schneiden, mit Salz bestreuen und 20 Minuten abtropfen lassen. Abspülen und trocken tupfen.

Den Backofengrill vorheizen. Die Auberginenscheiben in einer Lage auf ein Backblech legen, mit Olivenöl bestreichen und unter einmaligem Wenden goldgelb grillen. Die Paprika mit der Haut nach oben auf ein Backblech legen und rösten. Häuten und in Streifen schneiden.

Mehl und Salz in eine Schüssel sieben. Milch, Wasser, Ei und Öl zufügen und alles zu einem glatten Teig verrühren. 15 Minuten ruhen lassen.

Eine Pfanne (20 cm Ø) einfetten und auf mittlerer Stufe erhitzen. So viel Teig hineingeben und schwenken, dass der Pfannenboden dünn bedeckt wird. Backen, bis die Unterseite goldgelb ist. Mit Schwung oder einem Palettenmesser wenden und von der anderen Seite goldbraun backen.

Den übrigen Teig auf die gleiche Weise verarbeiten. Währenddessen die fertigen Crêpes mit dazwischengelegtem Küchenpapier warm stellen.

Die Crêpes jeweils paarweise leicht überlappend auslegen. Mit dem Frischkäse bestreichen, mit Auberginen, Paprika und Basilikum belegen, salzen und pfeffern. Jeweils von einer schmaleren Seite her fest einrollen und diagonal halbieren.

Bagels mit Mozzarella

Sandwiches, Wraps, Dips & Aufstriche

Zutaten für 4 Personen

- ½ Aubergine, in dünnen Scheiben
- 3–4 EL Olivenöl
- 4 einfache oder Zwiebel-Bagels
- 175 g Mozzarella, in Scheiben
- 1 Fleischtomate, in dünnen Scheiben
- Salz und Pfeffer
- 6–8 frische Basilikumblätter (nach Belieben)

So geht's

Eine Grillpfanne sehr stark erhitzen. Die Auberginenscheiben mit etwas Öl bestreichen und 2 Minuten von jeder Seite in der Pfanne rösten, bis sie weich und gebräunt sind.

Den Backofen auf 190 °C vorheizen. Die Bagels aufschneiden und mit dem restlichen Öl beträufeln. Den Käse auf die unteren Bagelhälften verteilen und Tomaten- und Auberginenscheiben darauf anrichten. Mit Salz und Pfeffer würzen und die oberen Bagelhälften darauflegen.

Die Bagels auf ein Backblech legen und im Ofen etwa 15 Minuten backen, bis der Käse geschmolzen ist und die Bagelränder leicht gebräunt sind. Nach Belieben die Bagels beim Picknick mit Basilikumblättern garnieren.

Hähnchen-Erdnuss-Sandwich

Sandwiches, Wraps, Dips & Aufstriche

Zutaten für 2 Personen

- 2 gehäufte EL grobe Erdnussbutter
- 3 EL stichfester Naturjoghurt
- 150 g gegartes Hähnchenfleisch mit Thai- oder Chinagewürz, in Streifen
- 4 Scheiben Vollkornbrot

So geht's

Die Erdnussbutter in einem Topf bei mittlerer Temperatur unter ständigem Rühren erwärmen, bis sie flüssig ist. Alternativ in einem mikrowellengeeigneten Gefäß etwa 20 Sekunden in der Mikrowelle erhitzen, bis sie flüssig ist.

Den Joghurt zur Erdnussbutter geben und gut verrühren. Die Fleischstreifen zufügen und alles gut vermischen.

Die Fleischmischung auf zwei Toastscheiben verteilen, die beiden anderen Scheiben darauflegen.

Baguette mit Steak & Käse

Sandwiches, Wraps, Dips & Aufstriche

Zutaten für 4 Personen

- 1 Baguette
- 350 g Rindersteak aus der Hochrippe ohne Knochen, halb gefroren
- 3 EL Olivenöl
- 1 Zwiebel, in dünne Ringe geschnitten
- 1 grüne Paprika, in dünne Streifen geschnitten
- Salz und Pfeffer
- 75 g Halloumi oder Mozzarella, in dünne Scheiben geschnitten

So geht's

Das Baguette in vier gleich große Stücke schneiden. Jedes Stück längs halbieren. Das Steak quer zur Faser in sehr dünne Scheiben schneiden.

In einer großen Pfanne 2 Esslöffel Öl auf mittlerer Stufe erhitzen. Zwiebel und Paprika zugeben und unter gelegentlichem Rühren 10–15 Minuten garen, bis die Zwiebeln goldbraun sind. Das Gemüse an den Rand der Pfanne schieben.

Das restliche Öl in die Pfanne gießen. Wenn es heiß ist, die Steakscheiben hineingeben und 4–5 Minuten pfannenrühren. Das Fleisch mit der Zwiebelmischung verrühren und alles mit Salz und Pfeffer würzen.

Den Backofengrill auf mittlerer Stufe vorheizen. Die Steakmischung auf die vier Baguetteunterhälften verteilen und mit dem Käse belegen. Die belegten Baguettestücke 1–2 Minuten grillen, bis der Käse geschmolzen ist, dann herausnehmen und die jeweilige Brotoberseite drauflegen.

Aioli

Sandwiches, Wraps, Dips & Aufstriche

Zutaten für 4 Personen

- 3 große Knoblauchzehen, fein gehackt
- 2 Eigelb
- 250 ml Olivenöl
- 1 EL Zitronensaft
- 1 EL Limettensaft
- 1 EL Dijon-Senf
- 1 EL frisch gehackter Estragon
- Salz und Pfeffer

So geht's

Alle Zutaten sollten Zimmertemperatur haben. Knoblauch und Eigelb in der Küchenmaschine zu einer Paste verarbeiten. Das Olivenöl bei laufender Maschine teelöffelweise zugeben, bis die Mischung einzudicken beginnt. Das restliche Öl in dünnem Strahl zugießen, sodass eine dickflüssige Mayonnaise entsteht.

Zitronensaft, Limettensaft, Senf und Estragon sowie Salz und Pfeffer nach Geschmack zugeben. Alles zu einer glatten Creme verarbeiten. In eine nicht metallene Schüssel geben und bis zum Picknick kaltstellen.

Pesto rosso

Sandwiches, Wraps, Dips & Aufstriche

Zutaten für ca. 450 g Pesto

- 40 g Pinienkerne
- 2 Knoblauchzehen, grob gehackt
- 225 g getrocknete Tomaten in Öl, abgetropft und grob gehackt
- 1 TL grobes Salz
- 50 g Parmesan, frisch gerieben
- 150 ml natives Olivenöl extra

So geht's

Die Pinienkerne in einer schweren Pfanne ohne Fett 30–60 Sekunden goldbraun anrösten. Aus der Pfanne nehmen und abkühlen lassen.

Die Pinienkerne zusammen mit Knoblauch, Tomaten und Salz in der Küchenmaschine zu einer Paste verarbeiten. Den Parmesan zugeben und kurz einarbeiten. Etwa 125 ml Öl zugeben und untermengen. Wenn die Sauce jetzt noch zu dickflüssig ist, mehr Öl zugeben und alles zu einem glatten Pesto verarbeiten.

Spinat-Kräuter-Chutney

Sandwiches, Wraps, Dips & Aufstriche

Zutaten für 4 Personen

- 225 g frischer Babyspinat
- 1 Handvoll Selleriegrün
- 3 EL Olivenöl
- 2–3 Knoblauchzehen, zerdrückt
- 1 TL Kreuzkümmelkörner
- 6–8 schwarze Oliven, entsteint und fein gehackt
- 1 großes Bund fein gehackte frische glatte Petersilie
- 1 großes Bund fein gehackter frischer Koriander
- 1 TL geräuchertes Paprikapulver
- Salz und Pfeffer
- Saft von ½ Zitrone
- getoastetes Fladenbrot oder ofenfrisches Brot und schwarze Oliven, zum Servieren

So geht's

Spinat und Sellerieblätter im Dämpfeinsatz gar dünsten. Unter kaltem Wasser abschrecken, gut abtropfen und überschüssiges Wasser ausdrücken. Auf einem Holzbrett sehr fein hacken.

2 Esslöffel Öl in einem schweren Topf erhitzen. Knoblauch und Kreuzkümmel 1–2 Minuten unter Rühren bei mittlerer Hitze dünsten, bis sie nussig zu duften beginnen. Oliven, Petersilie und Koriander einrühren und mit Paprikapulver würzen.

Die fein gehackten Blätter einrühren und unter gelegentlichem Rühren 10 Minuten bei schwacher Hitze garen, bis die Mischung glatt und kompakt ist. Mit Salz und Pfeffer würzen und abkühlen lassen.

Die Mischung in eine Schüssel geben. Restliches Öl und Zitronensaft sorgfältig einrühren. Beim Picknick zu Brot und Oliven reichen.

Feta-Dip mit Kräutern

Sandwiches, Wraps, Dips & Aufstriche

Zutaten für 4 Personen

- 150 g fettarmer Frischkäse
- 3 EL Wasser
- 1 EL Olivenöl
- 100 g Feta, zerkrümelt
- 1 große Zitrone
- 3 EL grob gehackte frische Minze
- 3 EL grob gehackter frischer Dill
- Pfeffer
- in Streifen geschnittenes Rohkostgemüse, zum Servieren

So geht's

Frischkäse, Wasser und Öl in den Mixer geben und zu einer glatten Masse verarbeiten. Den Feta hinzugeben und kurz mixen, aber nicht vollkommen glatt pürieren. In eine Schüssel umfüllen.

Die Schale der Zitrone abreiben und mit Minze und Dill in den Dip rühren. Mit Pfeffer abschmecken. Abdecken und mindestens 30 Minuten im Kühlschrank ziehen lassen. Zu einer bunten Auswahl an Rohkostgemüse beim Picknick servieren.

Pikanter Avocado-Dip

Zutaten für 4 Personen

- 2 große Avocados
- Saft von 1–2 Limetten
- 2 große Knoblauchzehen, zerdrückt
- 1 TL mildes Chilipulver (oder nach Belieben), plus etwas mehr zum Garnieren
- Salz und Pfeffer

So geht's

Die Avocados halbieren. Kern und Schale entfernen und wegwerfen.

Das Fruchtfleisch je nach Geschmack mit dem Saft von 1 oder 2 Limetten, Knoblauch und Chilipulver in den Mixer geben und glatt pürieren.

Mit Salz und Pfeffer abschmecken, in eine Schüssel umfüllen und mit Chilipulver garnieren.

Dicke-Bohnen-Dip

Sandwiches, Wraps, Dips & Aufstriche

Zutaten für 4 Personen

- 350 g ausgelöste Dicke Bohnen
- 2 EL Olivenöl
- 1 TL zerstoßene Kreuzkümmelsamen
- 3 Frühlingszwiebeln, in feine Ringe geschnitten
- 2 Knoblauchzehen, fein gehackt
- 25 g frische Minze, zerzupft
- 25 g frische glatte Petersilie, fein gehackt
- Saft von 1 Zitrone
- 50 ml Olivenöl
- Meersalz und Pfeffer

Zum Servieren

- 1 rote und 1 gelbe Paprika, in Streifen geschnitten
- 4 Selleriestangen, in Streifen geschnitten
- ½ Gurke, halbiert, entkernt und in Streifen geschnitten
- 1 Pita-Brot, in Streifen geschnitten (nach Belieben)

So geht's

Einen Dampfgarer mit Wasser befüllen, dieses zum Kochen bringen und die Bohnenkerne in den Einsatz legen. Den Deckel auflegen und die Bohnen 10 Minuten dämpfen, bis sie weich sind.

Inzwischen das Öl auf mittlerer Stufe in einer Pfanne erhitzen. Kreuzkümmel, Frühlingszwiebeln und Knoblauch darin etwa 2 Minuten anschwitzen, bis die Zwiebeln weich sind.

Die Bohnen in eine Küchenmaschine oder einen Standmixer geben, Zwiebelmischung, Kräuter, Zitronensaft und Olivenöl nach und nach zufügen und mit Salz und Pfeffer würzen. Zu einem groben Püree mixen, dann in eine Schale füllen.

Gemüse- und Brotstreifen zusammen mit dem Dip beim Picknick servieren.

Salate

Rucola mit Ziegenkäse

Salate

Zutaten für 4 Personen

- 800 g Wassermelonenfleisch, in großen Würfeln
- fein abgeriebene Schale und Saft von 2 großen Limetten
- ½–1 rote Chili, entkernt und fein gehackt
- 55 g frischer Koriander, grob gehackt
- 70 g Rucola
- 115 g Ziegenweichkäse, gewürfelt
- Salz und Pfeffer

So geht's

Wassermelone, Limettenschale und -saft sowie Chili in eine große Salatschüssel geben. Salzen und pfeffern.

Koriander und Ziegenkäse vorsichtig unterheben. Den Rucola erst beim Picknick dazugeben, noch einmal gut durchrühren.

Karottensalat

Salate

Zutaten für 4 Personen

- 350 g Karotten, fein gerieben
- 5-cm-Stück frische Ingwerwurzel, geschält und fein gerieben
- 1 kleiner Granatapfel, geviertelt
- 50 g Sprossen wie Alfalfa- und Radieschensprossen

Dressing

- 3 EL leichtes Olivenöl
- 3 TL Rotweinessig
- 3 TL Granatapfelsirup
- Salz und Pfeffer

So geht's

Karotten und Ingwer in eine Salatschüssel geben. Die Granatapfelviertel nach außen biegen und die Kerne herausdrücken. Dabei harte Kerne mit einer Messerspitze aussortieren. Unter die Karotten mischen.

Für das Dressing Öl, Essig und Granatapfelsirup in ein Schraubglas füllen. Salzen und pfeffern. Kräftig schütteln. Das Dressing über den Salat träufeln und untermischen. Im Kühlschrank abgedeckt 30 Minuten ziehen lassen. Beim Picknick mit den Sprossen garnieren.

Nudelsalat mit Tomaten & Oliven

Salate

Zutaten für 4 Personen

- 225 g Conchiglie
- Salz
- 50 g Pinienkerne
- 350 g Cocktailtomaten, halbiert
- 1 rote Paprika, in mundgerechte Stücke geschnitten
- 1 rote Zwiebel, gehackt
- 200 g Mozzarella, in kleine Stücke geschnitten
- 12 schwarze Oliven, entsteint
- 25 g frische Basilikumblätter
- frisch gehobelter Parmesan, zum Garnieren

Dressing

- 5 EL Olivenöl
- 2 EL Balsamico-Essig
- 2 EL frisch gehacktes Basilikum
- Salz und Pfeffer

So geht's

Die Conchiglie in einem großen Topf mit leicht gesalzenem Wasser 8–10 Minuten kochen, bis sie al dente sind. Abgießen, mit kaltem Wasser abschrecken und abtropfen. Abkühlen lassen.

Unterdessen eine Pfanne ohne Fettzugabe auf mittlerer Stufe erhitzen, die Pinienkerne zugeben und 1–2 Minuten unter Rühren anrösten, aber nicht dunkel werden lassen. Vom Herd nehmen, in eine Schüssel geben und abkühlen lassen.

Für das Dressing alle Zutaten in einer kleinen Schüssel verquirlen. Mit Frischhaltefolie abgedeckt beiseitestellen.

Die Conchiglie in eine Schüssel füllen. Pinienkerne, Tomaten, Paprika, Zwiebel, Mozzarella und Oliven dazugeben. Mit dem Basilikum bestreuen, dann mit dem Dressing beträufeln. Beim Picknick mit Parmesanhobeln garnieren.

Reissalat mit Roter Bete

Salate

Zutaten für 6 Personen

- 450 g Rote Beten, geschält und in 2 cm große Würfeln
- 450 g Butternutkürbis, in 2 cm großen Würfeln
- 4 EL Olivenöl
- 100 g brauner Basmatireis
- 100 g roter Camargue-
- 100 g Schnellkoch-Farro (Dinkelweizen)
- 120 g junge Rote-Bete-Blätter
- Salz und Pfeffer
- **Dressing**
- 1 EL Leinöl
- 2 EL Rotweinessig
- ½ TL geräuchertes scharfes Paprikapulver (Pimentón)
- 1 TL Fenchelsamen, grob zerstoßen
- 2 TL Tomatenmark

So geht's

Den Backofen auf 200 °C vorheizen. Rote Beten und Kürbis in eine Bratform geben. Mit der Hälfte des Olivenöls beträufeln. Leicht salzen und pfeffern. Im vorgeheizten Ofen 30 Minuten garen.

Inzwischen beide Reissorten in einen Topf mit kochendem Wasser geben und ohne Deckel 15 Minuten kochen. Den Farro untermischen und weitere 10 Minuten kochen, bis alle Körner gar sind. Das Wasser abgießen, die Reismischung abschrecken und abtropfen lassen. In eine Salatschüssel füllen.

Für das Dressing alle Zutaten sowie das restliche Olivenöl in ein Schraubglas füllen. Salzen und pfeffern. Zuschrauben und kräftig schütteln. Über die Reismischung träufeln und unterheben.

Das Ofengemüse auf der Reismischung verteilen und abkühlen lassen. Unterheben und beim Picknick mit den Rote-Bete-Blättern garnieren.

Griechischer Hirtensalat

Salate

Zutaten für 4 Personen

- 25 g blanchierte Weinblätter, abgetropft
- 300 g Tomaten, in feinen Scheiben
- 150 g Gurke, geschält und in feinen Scheiben
- 1 kleine rote Zwiebel, in feinen Ringen
- 115 g Feta (Abtropfgewicht), gewürfelt
- 32 entsteinte schwarze Oliven

Dressing

- 3 EL Olivenöl
- 1 EL Zitronensaft
- ½ TL getrockneter Oregano
- Salz und Pfeffer

So geht's

Die Weinblätter auf vier Serviertellern auslegen. Erst Tomaten, Gurke und Zwiebel darauf verteilen, dann Feta und Oliven.

Für das Dressing Öl, Zitronensaft und Oregano in ein Schraubglas füllen, mit Salz und Pfeffer abschmecken, zuschrauben und kräftig schütteln. Das Dressing erst während des Picknicks über den Salat träufeln.

Fruchtiger Floridasalat

Salate

Zutaten für4 Personen

- 2 EL Sonnenblumenöl
- 250 g Hähnchenbrustfilet, in Scheiben
- ¼ TL zerstoßene getrocknete rote Chili
- 1 rosa Grapefruit, geschält, filetiert (Reste aufbewahren)
- 1 Orange, geschält, filetiert (Reste aufbewahren)
- 1 kleine Mango, geschält, Fruchtfleisch vom Stein geschnitten und gewürfelt
- 225 g Weißkohl, gehobelt
- 55 g Grünkohl, in feinen Streifen
- Salz und Pfeffer

Dressing

- Saft von 1 Limette
- 1 TL Dijon-Senf
- 2-cm-Stück frische Ingwerwurzel, geschält und fein gerieben

So geht's

1 Esslöffel Öl in einer Pfanne erhitzen. Die Hähnchenscheiben zugeben. Mit Chili, etwas Salz und Pfeffer würzen und bei mittlerer bis starker Hitze 8–10 Minuten unter ein- bis zweimaligem Wenden goldbraun und gar braten. Zur Probe ein Fleischstück durchschneiden; es darf in der Mitte nicht mehr rosa sein, und der Fleischsaft muss klar aussehen. Auf einen Teller heben.

Grapefruit- und Orangenfilets in einer Salatschüssel mit Mango, Weiß- und Grünkohl mischen.

Für das Dressing den Saft aus den Grapefruit- und Orangenresten in ein Schraubglas pressen. Limettensaft, Senf, Ingwer und restliches Öl zufügen. Salzen und pfeffern. Kräftig schütteln. Über den Salat träufeln und unterheben. Die Hähnchenstreifen dazugeben.

Quinoasalat

Salate

Zutaten für 4 Personen

- 900 ml Gemüsebrühe
- 225 g Quinoa, abgespült und abgetropft
- 3 Orangen
- 250 g Fenchel, in feine Scheiben gehobelt
- 2 Frühlingszwiebeln, fein gehackt
- 15 g frische glatte Petersilie, grob gehackt

Dressing

- Saft von ½ Zitrone
- 3 EL Olivenöl
- Pfeffer

So geht's

Die Brühe in einem Topf zum Kochen bringen und die Quinoa darin 10–12 Minuten köcheln lassen, bis sie glasig wird. Abtropfen, in eine Salatschüssel füllen und abkühlen lassen.

Von 2 Orangen die Schale fein abreiben und in ein Schraubglas füllen. Alle 3 Orangen großzügig schälen, sodass auch die weiße Innenhaut entfernt wird, und filetieren. Die Orangenreste auspressen und den Saft im Schraubglas auffangen.

Orangenfilets, Fenchel, Frühlingszwiebeln und Petersilie unter die Quinoa mischen. Für das Dressing Zitronensaft und Öl in das Schraubglas füllen. Leicht mit Pfeffer würzen. Zuschrauben und kräftig schütteln. Beim Picknick über den Salat träufeln und unterheben.

Couscous-Salat

Salate

Zutaten für 4 Personen

- 2 EL Honig
- 4 EL Olivenöl
- 1 Butternut-Kürbis, geschält, entkernt und in 2 cm große Würfel geschnitten
- 250 g Couscous
- 400 ml salzarme Gemüsebrühe
- ½ Gurke, gewürfelt
- 1 Zucchini, gewürfelt
- 1 rote Paprika, gewürfelt
- Saft von ½ Zitrone
- Salz und Pfeffer
- 2 EL frisch gehackte Petersilie

So geht's

Den Backofen auf 190 °C vorheizen. 1 Esslöffel Honig mit 1 Esslöffel Öl in einer großen Schüssel mischen und den Kürbis darin wenden. In eine Auflaufform geben und im Ofen 30–40 Minuten rösten, bis er weich und goldgelb ist.

Inzwischen den Couscous in eine Schüssel geben. Die Brühe erhitzen, über den Couscous gießen, abdecken und 3 Minuten quellen lassen. 1 Esslöffel Öl hinzugeben und den Couscous auflockern, dann Gurke, Zucchini und Paprika unterrühren. Wieder abdecken und warm stellen.

Restlichen Honig und restliches Öl mit dem Zitronensaft verrühren und mit Salz und Pfeffer würzen. Zum Salat geben und durchrühren.

Beim Picknick den Kürbis auf dem Couscous verteilen und mit Petersilie bestreuen.

Farfalle-Salat mit Pesto

Salate

Zutaten für 4 Personen

- 30 g getrocknete Tomaten
- 50 g Pinienkerne
- 1 Bund Basilikum
- 2 Knoblauchzehen, gehackt
- ½ TL Salz
- 100 ml Olivenöl
- 1 EL frisch geriebener Parmesan
- 400 g Farfalle
- Pfeffer

So geht's

Die getrockneten Tomaten mit heißem Wasser übergießen und 25 Minuten quellen lassen. Das Wasser abgießen, die Tomaten gut ausdrücken und fein hacken.

Eine Pfanne erhitzen, die Pinienkerne zufügen und trocken rösten, bis sie goldbraun sind. Das Basilikum abspülen und trocken tupfen, dann die Blätter abzupfen. In einem großen Mörser die Hälfte der Pinienkerne mit Basilikumblättern, Knoblauch und Salz zerstoßen. Nach und nach das Olivenöl einarbeiten, zuletzt den Parmesan unterrühren.

Die Tomatenstücke unter das Pesto rühren. Die Nudeln in reichlich kochendem Salzwasser gemäß Packungsanleitung garen, bis sie al dente sind. Abgießen und auskühlen lassen, danach mit dem Pesto vermengen. In eine Schüssel füllen und mit den restlichen Pinienkernen bestreuen.

Sommerlicher Gartensalat

Salate

Zutaten für 4 Personen

- 500 g Stangenbohnen, geschnibbelt
- 300 g Tomaten, gewürfelt
- 2 Romana-Salatherzen, in mundgerechten Stücken
- 25 g frische Minze, fein gehackt
- 25 g frischer Schnittlauch, in Röllchen

Dressing

- 2 TL Olivenöl
- 1 rote Zwiebel, fein gehackt
- 2 Knoblauchzehen, fein gehackt
- 500 g Tomaten, gewürfelt
- 1 TL geräuchertes scharfes Paprikapulver (Pimentón)
- 3 EL Sherry-Essig
- Salz und Pfeffer

So geht's

Die Bohnen in einen Topf mit kochendem Wasser geben und 3–4 Minuten knackig gar kochen. Mit kaltem Wasser abschrecken, abtropfen und abkühlen lassen.

Für das Dressing das Öl in einem Topf erhitzen. Die Zwiebel darin bei schwacher bis mittlerer Hitze 5 Minuten weich dünsten. Knoblauch, Tomaten und Paprikapulver zufügen. Dann den Essig unterrühren. Salzen und pfeffern. Bei geschlossenem Deckel 5 Minuten dünsten, bis die Tomaten weich werden. In eine Salatschüssel geben und abkühlen lassen.

Die Bohnen in die Schüssel geben und mit dem Dressing mischen. Rohe Tomaten, Salat, Minze und Schnittlauch erst beim Picknick unterheben.

Salat aus Dreierlei Bohnen

Salate

Zutaten für 4 Personen

- 200 g Stangenbohnen, halbiert
- 200 g TK-Edamame (Sojabohnen, aus dem Asia-Shop) oder Dicke Bohnen
- 150 g TK-Gemüsemais
  400 g rote Kidneybohnen aus der Dose, abgespült
- 2 EL Chiasamen

Dressing

- 3 EL Olivenöl
- 1 EL Rotweinessig
- 1 TL körniger Senf
- 1 TL Agavendicksaft
- 4 TL fein gehackter frischer Estragon
- Salz und Pfeffer

So geht's

Stangenbohnen, Edamame und Mais in einen Topf mit kochendem Wasser geben und 4 Minuten blanchieren, bis die Stangenbohnen knackig gar sind. Unter kaltem Wasser abschrecken, abtropfen lassen und in eine Salatschüssel geben.

Kidneybohnen und Chiasamen untermischen.

Für das Dressing Öl, Essig und Senf in ein Schraubglas füllen. Agavendicksaft und Estragon zufügen. Salzen und pfeffern. Zuschrauben und kräftig schütteln. Beim Picknick über den Salat träufeln und untermischen.

Hähnchensalat

Salate

Zutaten für 4 Personen

- 250 g vorgegarter Naturreis
- 2 TL Tomatenmark
- 500 g Hähnchenbrustfilet
- 85 g getrocknete Aprikosen, gewürfelt
- 55 g Rosinen
- 55 g eingelegte Zitronen, abgetropft und fein gehackt
- 1 kleine rote Zwiebel, fein gehackt
- 85 g Grünkohl, in Streifen
- 3 EL Pinienkerne, geröstet

Dressing

- 2 TL Harissa
- 4 EL Olivenöl
- Saft von 1 Zitrone
- Salz und Pfeffer

So geht's

Den Reis in einen Topf mit kochendem Wasser geben und 25–30 Minuten kochen, bis er gar ist. Abtropfen lassen und in eine Salatschüssel geben.

Inzwischen für das Dressing Harissa, Öl und Zitronensaft in ein Schraubglas füllen. Salzen und pfeffern. Zuschrauben und kräftig schütteln.

2 Esslöffel Dressing in einer Schale mit dem Tomatenmark verrühren. Den Backofengrill vorheizen und eine Bratform mit Alufolie auslegen. Die Filets nebeneinander hineinlegen und mit der Hälfte der Tomatenmischung bestreichen. Unter dem Grill 15–18 Minuten grillen, bis die Filets goldbraun und gar sind. Dabei das Fleisch nach der Hälfte der Zeit wenden und mit der restlichen Tomatenmischung bestreichen. Zur Probe ein Fleischstück durchschneiden; es darf in der Mitte nicht mehr rosa sein, und der Fleischsaft muss klar aussehen. Abgedeckt abkühlen lassen.

Das restliche Dressing über den Reis träufeln. Aprikosen, Rosinen, Zitronen und Zwiebel zugeben und untermischen. Erkalten lassen. Grünkohl und Pinienkerne unter den Salat heben. Das Fleisch in feine Streifen schneiden und zu dem Salat geben.

Ingwer-Nudelsalat

Salate

Zutaten für 4 Personen

- 600 g magere Schweineschnitzel
- 200 g getrocknete chinesische Vollkornnudeln
- 200 g Chinakohl, in Streifen
- 120 g Karotten, in feinen Stiften
- 120 g Zuckererbsen, in Streifen
- 2 Frühlingszwiebeln, fein gehackt
- 2-cm-Stück frische Ingwerwurzel, geschält und fein gerieben

Dressing

- fein abgeriebene Schale und Saft von ½ Orange
- 2 EL Sonnenblumenöl
- 2 EL Sojasauce
- 1 EL flüssiger Honig
- 1 EL Reisessig
- 1 TL gemahlener Sternanis
- 2 Knoblauchzehen, fein gehackt

So geht's

Den Backofengrill vorheizen. Ein Backblech mit Alufolie auslegen. Für das Dressing Orangenschale und -saft, Öl, Sojasauce, Honig, Essig, Sternanis und Knoblauch in ein Schraubglas füllen, zuschrauben und kräftig schütteln.

Die Schweineschnitzel nebeneinander auf das Backblech legen, mit 3 Esslöffeln Dressing bestreichen und 12–15 Minuten gar grillen. Dabei ein- bis zweimal wenden und erneut mit Dressing bestreichen.

Inzwischen die Nudeln nach Packungsangabe gar kochen. Unter fließend kaltem Wasser abschrecken und abtropfen lassen. In eine Salatschüssel geben, mit dem restlichen Dressing mischen und vollständig erkalten lassen.

Chinakohl, Karotten, Zuckererbsen, Frühlingszwiebeln und Ingwer unter die Nudeln heben. Die Schweineschnitzel in feine Streifen schneiden und zu dem Salat geben.

Rindfleisch-Chili-Salat

Salate

Zutaten für 4 Personen

- 450 g Rumpsteak, in dünne Streifen geschnitten
- 1 Avocado
- 175 g Cocktailtomaten
- 2 EL Sonnenblumenöl
- 425 g Kidneybohnen aus der Dose, abgespült und abgetropft
- frisch gehackter Koriander, zum Garnieren
- Tortilla-Chips und Eisbergsalat, zum Servieren

Marinade

- 2 Knoblauchzehen, zerdrückt
- 1 TL Chilipulver
- ½ TL Salz
- 1 TL gemahlener Koriander

So geht's

Für die Marinade Knoblauch, Chilipulver, Salz und gemahlenen Koriander in einer großen Schüssel gut verrühren.

Das Fleisch in die Marinade geben und sorgfältig unterheben, sodass es vollständig überzogen ist.

Mit einem scharfen Messer die Avocado schälen. Längs halbieren, den Kern entfernen, dann das Fruchtfleisch in Würfel schneiden. Die Cocktailtomaten halbieren.

Den Wok oder eine große Pfanne auf hoher Stufe erhitzen. Das Öl zugeben und sehr heiß werden lassen. Das Fleisch zugeben und 5 Minuten pfannenrühren. Bohnen, Tomaten und Avocado zugeben und 2 Minuten mitgaren.

Den Fleischsalat in eine Schüssel geben. Zum Picknick zusammen mit Tortilla-Chips und Eisbergsalat servieren.

Linsen-Thunfisch-Salat

Salate

Zutaten für 4 Personen

- 2 vollreife Tomaten
- 1 kleine rote Zwiebel
- 400 g Linsen aus der Dose, abgetropft
- 175 g Thunfisch im eigenen Saft, abgetropft
- 2 EL frisch gehackter Koriander
- Pfeffer

Dressing

- 3 EL Olivenöl
- 1 EL Zitronensaft
- 1 TL körniger Senf
- 1 Knoblauchzehe, zerdrückt
- ½ TL gemahlener Kreuzkümmel
- ½ TL gemahlener Koriander

So geht's

Mit einem scharfen Messer die Tomaten entkernen und dann zusammen mit der Zwiebel fein würfeln.

Für das Dressing alle Zutaten in eine kleine Schüssel geben und gut verquirlen. Beiseite stellen.

Zwiebel, Tomaten und Linsen in einer großen Schüssel vermengen.

Den Thunfisch mit einer Gabel zerkleinern und ebenfalls in die Schüssel geben. Den Koriander gut untermischen.

Das Dressing beim Picknick über den Salat gießen, unterheben und alles pfeffern.

Salat mit gegrilltem Wolfsbarsch

Salate

Zutaten für 4 Personen

- 85 g Babyspinat
- 40 g Feldsalat
- 40 g roter Salatmangold
- 2 rosa Grapefruits, geschält, filetiert (Reste aufbewahren)
- 1 Orange, geschält, filetiert (Reste aufbewahren)
- 4 Wolfsbarschfilets
- fein abgeriebene Schale und Saft von 1 Limette
- 3 EL Olivenöl
- 1 TL flüssiger Honig
- Salz und Pfeffer
- 2 EL fein gehackter frischer Koriander, zum Garnieren

So geht's

Den Backofengrill vorheizen und eine flache Bratform mit Alufolie auslegen. Die Fischfilets mit der Hautseite nach unten hineingeben. Mit der Limettenschale bestreuen und mit dem Limettensaft beträufeln. Salzen und pfeffern. Den Fisch wenden, nochmals salzen und pfeffern und mit 1 Esslöffel Olivenöl beträufeln. Unter einmaligem Wenden 6–8 Minuten grillen, bis die Haut gebräunt und das Fleisch weiß ist und sich auf Fingerdruck löst. Den Saft aus den Grapefruit- und Orangenresten in ein Schraubglas pressen.

Für das Dressing restliches Öl und Honig zum Zitrussaft in das Schraubglas geben. Salzen und pfeffern. Kräftig schütteln.

Spinat, Feldsalat und Mangold in einer Salatschüssel mischen. Grapefruit- und Orangenfilets sowie die in mundgerechte Stücke geschnittenen Fischfilets darauf verteilen. Mit Koriander garnieren und das Dressing erst beim Picknick dazugeben. Noch einmal gut umrühren.

Tintenfischsalat

Salate

Zutaten für 4 Personen

- 2 EL Olivenöl
- 4 Frühlingszwiebeln, fein gehackt
- 2 Knoblauchzehen, fein gehackt
- 500 g küchenfertige Tintenfischtuben, in dicke Ringe geschnitten
- 100 ml trockener Weißwein
- 225 g frische oder gefrorene sehr junge Dicke Bohnen
- 250 g rohe Riesen-garnelen, ausgelöst und Darmfäden entfernt
- 4 EL frisch gehackte glatte Petersilie
- Salz und Pfeffer
- knuspriges Brot, zum Servieren

So geht's

Das Öl in einer Pfanne auf mittlerer Stufe erhitzen. Die Frühlingszwiebeln darin 4–5 Minuten unter gelegentlichem Rühren glasig dünsten.

Den Knoblauch zugeben und unter ständigem Rühren 30 Sekunden mitgaren. Die Tintenfischringe hinzufügen und auf hoher Stufe 2 Minuten braten, bis sie goldbraun sind. Gelegentlich umrühren.

Den Wein einrühren und aufkochen. Die Bohnen in die Pfanne geben, die Hitze reduzieren, die Pfanne abdecken und alles 5–8 Minuten (bei frischen Bohnen) oder 4–5 Minuten (bei gefrorenen Bohnen) köcheln lassen, bis die Bohnen weich sind.

Die Garnelen zugeben, die Pfanne abdecken und alles 2–3 Minuten köcheln lassen, bis sich die Garnelen rosa färben und einrollen. Die Petersilie einrühren und mit Salz und Pfeffer abschmecken. Alles in eine Schüssel geben und beim Picknick mit knusprigem Brot servieren.

Herzhaftes aus Fisch, Fleisch & Gemüse

Gemüse-Tortilla

Herzhaftes aus Fisch, Fleisch & Gemüse

Zutaten für 4 Personen

- 300 g Kartoffeln, gewürfelt
- 2 EL Olivenöl
- 1 kleine rote Zwiebel, in Ringe geschnitten
- 1 rote Spitzpaprika, in Streifen geschnitten
- 100 g Cocktailtomaten, halbiert
- 6 große Eier, verquirlt
- 2 EL frisch gehackter Schnittlauch
- Salz und Pfeffer
- 40 g Parmesan, frisch gerieben

So geht's

Die Kartoffeln in einem Topf mit leicht gesalzenem Wasser 8–10 Minuten kochen, bis sie gar sind. Abgießen und abtropfen lassen.

Inzwischen das Öl in einer großen, ofenfesten Pfanne erhitzen. Zwiebel und Paprika zugeben und 5–6 Minuten braten, gelegentlich umrühren. Dann Kartoffeln und Tomaten hinzufügen.

Den Backofengrill auf hoher Stufe vorheizen. Eier, 2 Esslöffel Wasser und Schnittlauch in eine große Schüssel geben. Mit Salz und Pfeffer würzen und gut vermengen. Die Mischung über das Pfannengemüse gießen und 4–5 Minuten garen, bis die Eiermasse fast gestockt ist.

Den Parmesan über die Tortilla streuen. Die Pfanne unter den Backofengrill stellen und die Tortilla 2–3 Minuten backen, bis sie brutzelt und goldbraun ist.

Die Tortilla gut abkühlen lassen und zum Picknick servieren.

Thai-Tofubratlinge

Herzhaftes aus Fisch, Fleisch & Gemüse

Zutaten für 4 Personen

- 300 g fester Tofu, grob gerieben
- 1 Stängel Zitronengras, fein gehackt
- 2 Knoblauchzehen, gehackt
- 2,5-cm-Stück Ingwerwurzel, gerieben
- 2 Kaffir-Limettenblätter, fein gehackt (nach Belieben)
- 2 Schalotten, fein gehackt
- 2 frische rote Chilis, entkernt und fein gehackt
- 4 EL frisch gehackter Koriander
- 90 g Mehl, plus etwas mehr zum Bestäuben
- ½ TL Salz
- Maisöl, zum Braten

So geht's

Den Tofu mit Zitronengras, Knoblauch, Ingwer, Limettenblättern, Schalotten, Chilis und Koriander in einer Rührschüssel vermischen. Mit Mehl und Salz zu einem groben, klebrigen Teig verrühren. Abdecken und 1 Stunde im Kühlschrank ruhen lassen.

Die Mischung zu acht etwa walnussgroßen Kugeln formen und mit bemehlten Händen zu Bratlingen flach drücken. Den Boden einer großen, schweren Pfanne mit Öl bedecken und auf mittlerer Stufe erhitzen. Die Bratlinge in zwei Portionen unter einmaligem Wenden 4–6 Minuten goldbraun braten. Auf Küchenpapier abtropfen lassen. Beim Picknick mit einem scharfen Dip servieren

Gegrilltes Gemüse

Zutaten für 8 Personen

- 125 ml Olivenöl
- 4 Knoblauchzehen, zerdrückt
- 4 frische Thymianzweige
- 1,5 kg Gemüse, z. B. grüner Spargel, Auberginen, Zucchini, Fenchel, Frühlingszwiebeln, rote Paprika
- Salz und Pfeffer

So geht's

Öl, Knoblauch und Thymian in einer Schale verrühren. Mindestens 1 Stunde ziehen lassen.

Die holzigen Enden von den Spargelstangen abschneiden. Den Spargel, falls nötig, schälen und halbieren. Auberginen, Zucchini, Fenchel und Frühlingszwiebel putzen. Auberginen und Zucchini längs in 5 mm dicke Scheiben schneiden. Den Fenchel quer in Scheiben schneiden. Die Paprika vierteln, entstielen und die Kerne entfernen.

Eine gerippte gusseiserne Grillpfanne bei starker Hitze sehr heiß werden lassen. Dünn mit dem Knoblauchöl bestreichen. Das Gemüse portionsweise in die Pfanne geben (die Paprika mit der Hautseite nach unten), mit Salz und Pfeffer würzen und braten, bis das Gemüse weich wird.

Das Gemüse mit einer Küchenzange wenden und bis zur gewünschten Garstufe weiterbraten. Die Pfanne bei Bedarf immer wieder mit dem Öl einfetten.

Das Gemüse abkühlen lassen und mit einem leckeren Dip beim Picknick servieren.

Tomaten-Käse-Quiche

Herzhaftes aus Fisch, Fleisch & Gemüse

Zutaten für 6 Personen

- 125 g Mehl (Type 550)
- 125 g Mehl (Type 405)
- 1 gehäufter TL Backpulver
- 1 Prise Salz
- 125 g kalte Butter
- 1 Eigelb
- 4 EL kaltes Wasser
- Öl, zum Einfetten
- 8–9 Tomaten, gehäutet, entkernt und in Achtel geschnitten
- 150 g Emmentaler, gerieben
- 4 Eier, verquirlt
- 100 g Schlagsahne
- 2 EL frisch gehackter Oregano oder Majoran
- 1 EL frisch gehackter Schnittlauch
- Salz und Pfeffer

So geht's

Beide Mehlsorten, Backpulver und Salz in eine Schüssel sieben und vermischen. Die Butter würfeln mit den Fingerspitzen einarbeiten, bis die Mischung feinkrümelig ist. Eigelb und Wasser verquirlen und mit einem Holzlöffel unter den Teig rühren. Mit den Händen alles zu einem glatten Teig kneten und zu einer Kugel formen. In Frischhaltefolie einwickeln und 30 Minuten im Kühlschrank ruhen lassen.

Den Backofen auf 160 °C vorheizen. Ein Backblech mit etwas Öl einfetten. Den Teig sehr dünn ausrollen und das Blech damit auslegen. Etwa 10 Minuten im Ofen backen. Herausnehmen und kurz abkühlen lassen.

Den Teig gleichmäßig mit den Tomaten belegen. Käse, Eier, Sahne, Oregano, Schnittlauch, Salz und Pfeffer in einer Schüssel verrühren und gleichmäßig über die Tomaten gießen. Etwa 20 Minuten im Ofen backen, bis die Eiermischung gestockt ist. Abkühlen lassen.

Kartoffel-Frittata

Herzhaftes aus Fisch, Fleisch & Gemüse

Zutaten für 4 Personen

- Salz und Pfeffer
- 250 g neue Kartoffeln, abgebürstet
- 80 g Babyspinat
- 5 Eier
- 1 EL frisch gehackter Dill, plus etwas mehr zum Garnieren (nach Belieben)
- 1 EL frisch gehackter Schnittlauch, plus etwas mehr zum Garnieren (nach Belieben)
- 125 g Feta, zerkrümelt
- 10 g Butter
- 1 EL Olivenöl

So geht's

In einem Topf leicht gesalzenes Wasser zum Kochen bringen, die Kartoffeln hineingeben, aufkochen und 25 Minuten garen. Den Spinat in ein Sieb geben und die Kartoffeln darüber abgießen, damit der Spinat zusammenfällt. Beiseitestellen und abkühlen lassen.

Die Kartoffeln längs in 5 mm dicke Scheiben schneiden. Überschüssiges Wasser aus dem Spinat drücken. Den Backofengrill vorheizen.

Eier, Dill und Schnittlauch leicht verquirlen. Mit Pfeffer würzen und 80 g Feta einrühren. Butter und Öl in einer ofenfesten Pfanne (20 cm Ø) erhitzen, bis die Butter schäumt. Kartoffeln und Spinat hineingeben und unter Rühren 1 Minute anbraten. Die Ei-Käse-Mischung hinzugießen.

1 Minute bei schwacher Hitze rühren, bis die Mischung halb gestockt ist, dann 2–3 Minuten ohne Rühren garen, bis die Unterseite fest und goldbraun ist. Mit dem restlichen Käse bestreuen und 2 Minuten unter dem Grill backen. Abkühlen lassen und beim Picknick nach Belieben mit Schnittlauch oder Dill bestreuen.

Nussbraten

Zutaten für 4 Personen

- 2 EL Butter, plus etwas mehr zum Einfetten
- 2 Knoblauchzehen, gehackt
- 1 große Zwiebel, gehackt
- 50 g Pinienkerne, geröstet
- 75 g Haselnüsse, geröstet
- 50 g Walnüsse, gemahlen
- 50 g Cashewkerne, gemahlen
- 100 g Vollkornpaniermehl
- 1 Ei, leicht verquirlt
- 2 EL frisch gehackter Thymian
- 250 ml Gemüsebrühe
- Salz und Pfeffer

So geht's

Den Backofen auf 180 °C vorheizen. Eine Kastenform einfetten und mit Backpapier auslegen. Die Butter in einem Topf bei schwacher Hitze zerlassen. Knoblauch und Zwiebel zugeben und unter Rühren 3 Minuten dünsten. Vom Herd nehmen. Pinienkerne und Haselnüsse mahlen. Alle gemahlenen Nüsse, Paniermehl, Ei, Thymian, Brühe sowie Salz und Pfeffer nach Geschmack in den Topf geben und verrühren.

Die Mischung in die Kastenform füllen und glatt streichen. Im Ofen etwa 30 Minuten auf der mittleren Schiene backen, bis der Braten heiß und goldbraun ist. Der Braten ist gar, wenn an einem in die Mitte gestochenen Holzspieß keine Bratenmasse mehr klebt.

Den Nussbraten aus dem Ofen nehmen und aus der Form heben. Gut abkühlen lassen und in Scheiben schneiden.

Wildpilz-Zwiebel-Quiche

Zutaten für 4 Personen

- 175 g Mehl, plus etwas mehr zum Bestäuben
- 1 Prise Salz
- 80 g Butter, gewürfelt, plus etwas mehr zum Einfetten
- 1 Eigelb
- 3 EL eiskaltes Wasser

Füllung

- 50 g Butter
- 3 rote Zwiebeln, in Streifen geschnitten
- 350 g gemischte Wildpilze, z. B. Steinpilze, Pfifferlinge und Morcheln
- 2 TL frisch gehackter Thymian
- 1 Ei
- 2 Eigelb
- 100 g Schlagsahne
- Salz und Pfeffer

So geht's

Mehl und Salz in eine Schüssel sieben. Die Butter hinzugeben und mit den Fingerspitzen einarbeiten, bis die Mischung feinkrümelig ist. Das Eigelb in einer kleinen Schüssel mit dem Wasser verquirlen. Die Flüssigkeit über die Mehlmischung gießen und mit einem Palettenmesser zu einem Teig verarbeiten. Zu einer Kugel formen, in Frischhaltefolie einschlagen und 30 Minuten in den Kühlschrank stellen.

Den Backofen auf 190 °C vorheizen. Eine Quicheform mit herausnehmbarem Boden (22 cm Ø) leicht einfetten. Den Teig auf einer leicht bemehlten Arbeitsfläche zu einem Kreis (26 cm Ø) ausrollen und die Form damit auslegen, dabei den Rand fest andrücken. Den Teig mit Backpapier auslegen und mit Backbohnen füllen. 25 Minuten im Ofen blindbacken. Papier und Bohnen entfernen und die Form auf einem Kuchengitter auskühlen lassen. Die Backofentemperatur auf 180 °C reduzieren.

Für die Füllung die Butter in einer großen Pfanne bei sehr schwacher Hitze zerlassen. Die Zwiebeln hineingeben und unter gelegentlichem Rühren 20 Minuten dünsten. Pilze und Thymian hinzugeben und unter gelegentlichem Rühren weitere 10 Minuten garen. Auf den Teigboden füllen, glatt streichen und die Form auf ein Backblech stellen.

Ei, Eigelb, Sahne sowie Salz und Pfeffer in einer Schüssel verquirlen. Über die Pilzmischung gießen. 20 Minuten im Ofen backen, bis die Füllung fest und goldgelb ist. Abkühlen lassen und beim Picknick servieren.

Honig-Senf-Hähnchen

Herzhaftes aus Fisch, Fleisch & Gemüse

Zutaten für 4 Personen

- 8 Hähnchenteile (Ober- und Unterschenkel, Flügel)
- 2 EL Dijon-Senf
- 2 EL Worcestersauce
- 1 EL klarer Honig
- Salz und Pfeffer
- knuspriges Brot, zum Servieren

So geht's

Den Backofen auf 220 °C vorheizen. Die Hähnchenteile von sichtbarem Fett befreien und die dicksten Stellen tief einschneiden.

Senf, Worcestersauce und Honig in einer großen Schüssel verrühren. Mit Salz und Pfeffer würzen. Die Hähnchenteile zur Marinade geben und gründlich darin wenden.

Die Hähnchenteile in einer Lage auf ein großes Backblech geben. Im vorgeheizten Ofen 15–20 Minuten backen; ab und zu wenden, bis das Fleisch gar ist. Zur Probe das Fleisch einstechen: Der austretende Fleischsaft sollte klar sein und nicht rosa.

Die Hähnchenteile abkühlen lassen und beim Picknick mit knusprigem Brot und einem leckeren Dip servieren.

Hähnchenflügel

Zutaten für 4 Personen

- 12 Hähnchenflügel
- 1 Ei
- 50 ml Milch
- 4 gehäufte EL Mehl
- 1 TL Paprikapulver
- Salz und Pfeffer
- 225 g frische Semmelbrösel
- 50 g Butter, zerlassen

So geht's

Den Backofen auf 220 °C vorheizen. Jeden Hähnchenflügel in drei Stücke teilen. Die harten Flügelspitzen abschneiden und wegwerfen.

Ei und Milch in einer flachen Schüssel verquirlen. Mehl, Paprikapulver, Salz und Pfeffer in einer zweiten flachen Schüssel vermengen. Die Semmelbrösel in eine dritte Schüssel geben.

Jedes Hähnchenteil erst in der Mehlmischung wenden, dann in der Eiermilch. Kurz abtropfen lassen und in den Semmelbröseln wenden.

Die zerlassene Butter in einen großen Bräter geben. Die Hähnchenflügel in einer Lage darin ausbreiten. Im vorgeheizten Ofen 20 Minuten backen, dabei ab und zu wenden. Wenn die Stücke gar sind (beim Einstechen sollte der austretende Fleischsaft klar sein und nicht rosa), aus dem Ofen nehmen.

Die Hähnchenflügel abkühlen lassen und beim Picknick mit einem leckeren Dip servieren.

Andalusische Fleischspieße

Zutaten für 16 Personen

- 900 g magere Schweinekoteletts, etwa 1 cm dick, entbeint
- 2 große Knoblauchzehen, fein gehackt
- 2 TL geräuchertes Paprikapulver edelsüß
- 2 TL gemahlener Kreuzkümmel
- ¼ TL Zimt
- 1 Prise Cayennepfeffer
- 4 EL spanisches Olivenöl, plus etwas mehr zum Einfetten
- 2 TL Tomatenmark
- 1 grüne Paprika, in 16 Quadrate geschnitten
- Salz und Pfeffer

So geht's

Das Fleisch in 32 mundgerechte Stücke schneiden. Knoblauch, Paprikapulver, Kreuzkümmel, Zimt und Cayennepfeffer in einer Schüssel vermischen. Salzen und pfeffern. Öl und Tomatenmark unterrühren. Das Fleisch zufügen und mit der Mischung einreiben. Abgedeckt mindestens 8 Stunden oder über Nacht im Kühlschrank marinieren.

Etwa 30 Minuten vor dem Grillen 16 hölzerne Spieße in kaltem Wasser einweichen. Den Backofengrill vorheizen und ein Backblech einfetten.

Wasser in einem Topf zum Kochen bringen. Die Paprikastücke darin 1 Minute blanchieren. Das Wasser abgießen und die Paprika unter fließend kaltem Wasser abschrecken, dann trocken tupfen.

Je 2 Fleischstücke mit einem Paprikastück dazwischen auf die Spieße stecken und auf das vorbereitete Backblech legen und mit der restlichen Marinade bestreichen.

Die Spieße 12–15 Minuten unter häufigem Wenden grillen, bis das Fleisch durchgegart und an den Rändern gebräunt ist.

Die Spieße abkühlen lassen und beim Picknick mit einem leckeren Dip servieren.

Lammspießchen mit Zitrone

Herzhaftes aus Fisch, Fleisch & Gemüse

Zutaten für 8 Personen

- 2 Knoblauchzehen, fein gehackt
- 1 Gemüsezwiebel, fein gehackt
- 2 TL abgeriebene Zitronenschale
- 2 EL Zitronensaft
- 1 TL frische Thymianblätter
- 1 TL gemahlener Koriander
- 1 TL gemahlener Kreuzkümmel
- 2 EL Rotweinessig
- 125 ml Olivenöl
- 1 kg Lammfilet, in 2 cm große Würfel geschnitten

So geht's

Knoblauch, Zwiebel, Zitronenschale und -saft, Thymian, Koriander, Kreuzkümmel, Essig und Olivenöl in einer großen, flachen Schale gut verrühren.

Die Lammfleischwürfel auf 16 Holzspieße stecken, in die Schale geben und gründlich in der Marinade wenden. Mit Frischhaltefolie abgedeckt 2–8 Stunden kalt stellen, dabei gelegentlich wenden.

Den Backofengrill vorheizen. Die Spieße abtropfen lassen, die Marinade auffangen. Auf der oberen Schiene unter dem Backofengrill 10 Minuten oder nach Geschmack braten, dabei häufig wenden und mit der Marinade bestreichen.

Die Spießchen abkühlen lassen und mit einem leckeren Dip beim Picknick servieren.

Würzige Thunfischfrikadellen

Zutaten für 4 Personen

- 200 g Thunfisch in Öl aus der Dose, abgetropft
- 200 g Kartoffelpüree
- 2–3 EL Currypaste
- 1 Frühlingszwiebel, fein gehackt
- 1 Ei, verquirlt
- Salz und Pfeffer
- 4 EL Mehl, plus etwas mehr zum Bestäuben
- Sonnenblumen- oder Erdnussöl, zum Braten
- Rucola (nach Belieben)

So geht's

Den Thunfisch in eine große Schüssel geben. Kartoffelpüree, Currypaste, Frühlingszwiebel und Ei hinzufügen. Mit Salz und Pfeffer würzen und gut vermengen.

Aus der Mischung vier Kugeln rollen. Auf einer mit Mehl bestäubten Arbeitsfläche flach drücken und zu Frikadellen formen. Das Mehl mit Salz und Pfeffer würzen und die Frikadellen darin wenden, bis sie gut überzogen sind.

Das Öl in einer großen Pfanne erhitzen und die Thunfischfrikadellen darin auf jeder Seite 3–4 Minuten braten, bis sie knusprig und goldbraun sind.

Die Frikadellen abkühlen lassen und nach Belieben beim Picknick mit Rucola servieren.

Meeresfrüchte-Fisch-Kroketten

Zutaten für 24 Personen

- 5 EL Olivenöl, plus etwas mehr zum Frittieren
- 75 g Mehl
- 400 ml Milch
- 250 g Meeresfrüchte-Fisch-Mix, z. B. Kabeljau, Seehecht, Venusmuscheln, Garnelen, Lachs und Klippfisch; alle ohne Haut und ohne Gräten bzw. Schalen und sehr fein gehackt
- fein abgeriebene Schale von 1 Zitrone
- 75 g feine Semmelbrösel
- 1 großes Ei, verquirlt mit 1 EL Wasser
- Salz und Pfeffer

So geht's

Das Öl in einem Topf erhitzen. Das Mehl einstreuen und bei mittlerer Hitze 2 Minuten unter Rühren anschwitzen.

Den Topf vom Herd nehmen und unter ständigem Rühren langsam die Milch zugießen, damit keine Klümpchen entstehen. Den Topf wieder auf den Herd stellen und die Sauce unter Rühren zum Kochen bringen, bis sie glatt und eingedickt ist.

Meeresfrüchte-Fisch-Mix und Zitronenschale unterrühren. Salzen und pfeffern, in einer Schüssel erkalten lassen. Mit Frischhaltefolie bedecken und mindestens 4 Stunden oder über Nacht im Kühlschrank ziehen lassen.

Die Masse in 24 Portionen teilen und erst zu Kugeln, dann zu 5 cm langen Kroketten formen. Die Semmelbrösel auf einem tiefen Teller verteilen. Die Kroketten erst im Ei wenden und dann in den Semmelbröseln wälzen, bis sie rundum überzogen sind.

Reichlich Öl in einer Fritteuse oder einem hohen Topf auf 180–190 °C erhitzen, sodass ein Brotwürfel darin innerhalb von 30 Sekunden braun wird. Die Kroketten portionsweise hineingeben und je 2–2½ Minuten goldbraun frittieren.

Auf Küchenpapier abtropfen lassen. Abkühlen lassen und beim Picknick mit einem leckeren Dip servieren.

Gebratene Riesengarnelen

Zutaten für 4 Personen

- 4 Knoblauchzehen
- 20–24 rohe Riesengarnelen mit Schale
- 125 g Butter
- 4 EL Olivenöl
- 6 EL Weinbrand
- Salz und Pfeffer

So geht's

Den Knoblauch schälen und in Scheiben schneiden. Die Garnelen unter fließend kaltem Wasser abspülen und mit Küchenpapier trocken tupfen.

Butter und Öl in einer großen Pfanne erhitzen. Knoblauch und Garnelen zugeben und 3–4 Minuten unter Rühren scharf anbraten, bis die Garnelen gar sind.

Mit dem Weinbrand beträufeln und mit Salz und Pfeffer würzen.

Süßes & Gebäck

Blaubeer-Muffins

Süßes & Gebäck

Zutaten für 12 Stück

- 275 g Mehl
- 1 EL Backpulver
- 1 Prise Salz
- 115 g brauner Zucker
- 150 g Tiefkühlblaubeeren
- 85 g Butter
- 2 Eier
- 250 ml Milch
- 1 TL Vanilleextrakt
- fein abgeriebene Schale von 1 Zitrone

So geht's

Den Backofen auf 200 °C vorheizen. Eine 12er-Muffinform mit Papiermanschetten auslegen. Mehl, Backpulver und Salz in eine Schüssel sieben. Zucker und Blaubeeren unterrühren. Die Butter zerlassen und leicht abkühlen lassen.

Die Eier in einer großen Schüssel leicht verquirlen, dann Milch, Butter, Vanilleextrakt und abgeriebene Zitronenschale unterrühren. In die Mitte der trockenen Zutaten eine Mulde drücken und die flüssige Mischung hineingießen. Vorsichtig verrühren, bis ein Teig entsteht, aber nicht zu lange rühren.

Den Teig mit einem Teelöffel in die Papiermanschetten füllen. 18–20 Minuten im vorgeheizten Ofen backen, bis die Muffins aufgegangen und goldbraun sind. Sie sollten sich fest anfühlen, wenn man mit dem Finger daraufdrückt. 1–2 Minuten in der Backform ruhen lassen, dann auf ein Kuchengitter setzen und auskühlen lassen.

Kürbismuffins mit Biss

Süßes & Gebäck

Zutaten für 12 Stück

- Olivenöl, zum Bestreichen
- 250 g geschälter Kürbis, in 1 cm breite Würfel geschnitten
- 4-cm-Stück frische Ingwerwurzel, geschält und grob gerieben
- 3 Eier
- 4 EL Ahornsirup
- 225 g fettarmer Naturjoghurt
- 150 g Weizenvollkornmehl
- 100 g feines Maismehl
- 3 TL Backpulver
- 1 TL Lebkuchengewürz
- 3 EL Kürbiskerne

So geht's

Den Backofen auf 190 °C vorheizen. Die Mulden einer 12er-Muffinform mit Öl bestreichen.

Den Kürbis in einen Topf mit Dämpfeinsatz geben und über köchelndem Wasser 15 Minuten dämpfen, bis er weich ist. Zerdrücken und mit dem geriebenen Ingwer vermischen.

Eier, Ahornsirup und Joghurt in einer Schüssel vermischen.

Mehl, Maismehl, Backpulver und Lebkuchengewürz in einer großen Schüssel vermengen. Zerdrückten Kürbis und Eiermischung einrühren, bis alles gerade vermischt ist.

Den Teig in die vorbereitete Form füllen, mit den Kürbiskernen bestreuen und 20 Minuten im vorgeheizten Ofen backen, bis die Muffins aufgegangen und goldbraun sind. 5 Minuten in der Form abkühlen lassen, dann die Ränder mit einem Messer lösen und die Muffins auf einem Kuchengitter vollständig auskühlen lassen.

Chocolate-Chip-Muffins

Süßes & Gebäck

Zutaten für 12 Stück

- 100 g Mehl
- 1 TL Backpulver
- 100 g weiche Butter
- 100 g Feinzucker
- 2 große Eier
- 100 g Schokotropfen (aus Bitterschokolade)

So geht's

Den Backofen auf 190 °C vorheizen. Die Mulden einer 12er-Muffinform mit Papiermanschetten auslegen.

Mehl und Backpulver in eine große Schüssel sieben. Butter, Zucker und Eier zufügen und rühren, bis der Teig glatt ist. Die Schokotropfen unterheben und den Teig mit einem Teelöffel in die Papiermanschetten füllen.

20 Minuten im vorgeheizten Ofen backen, bis die Muffins aufgegangen und goldbraun sind. Sie sollten sich fest anfühlen. Auf ein Kuchengitter legen und auskühlen lassen.

Schokomuffins

Süßes & Gebäck

Zutaten für 12 Stück

- 250 g Weizenvollkornmehl
- 2½ TL Backpulver
- 4 EL Kakaopulver
- 70 g Rohrzucker
- 100 g Vollmilch- oder Zartbitterschokotropfen
- 175 g fettarmer Naturjoghurt
- 200 ml fettarme Milch
- 1 großes Ei
- 1 große, vollreife Banane
- 50 g Butter

So geht's

Den Backofen auf 200 °C vorheizen. Eine 12er-Muffinform mit Papiermanschetten auslegen. Mehl, Backpulver und Kakaopulver in eine Schüssel sieben, dann Zucker und Schokotropfen einrühren.

Joghurt, Milch und Ei in einer zweiten Schüssel verrühren. Die Banane mit einer Gabel auf einem Teller zerdrücken. Die Butter in einem Topf bei schwacher Hitze zerlassen und die Banane einrühren. Die Butter-Bananen-Mischung zur Joghurtmasse geben und gut verrühren.

Die flüssigen Zutaten zu den trockenen Zutaten geben und kurz verrühren. Den Teig in die Papierförmchen füllen. Im Ofen 20 Minuten backen, bis die Muffins aufgegangen und fest sind.

Die Muffins 5 Minuten im Blech abkühlen lassen, dann zum Auskühlen auf ein Kuchengitter setzen.

Mexikanische Churros

Süßes & Gebäck

Zutaten für 4 Personen

- 100 g Butter
- 140 g Mehl, gesiebt
- 2 große Eier, verquirlt
- Sonnenblumenöl, zum Frittieren
- 50 g Feinstzucker
- 1 TL Zimt

Schokoladensauce

- 120 g Zartbitterschokolade, in Stücke gebrochen
- 1 EL heller Zuckerrübensirup
- 15 g Butter
- 4 EL Milch

So geht's

Die Butter mit 300 ml Wasser in einem Topf bei mittlerer Hitze zerlassen. Kurz aufkochen, vom Herd nehmen und das Mehl hineingeben. Kräftig rühren, bis die Masse glatt ist. 10 Minuten abkühlen lassen, dann nacheinander die Eier zugeben und kräftig einarbeiten, bis ein dicker Teig entsteht.

Einen tiefen Frittiertopf zur Hälfte mit Sonnenblumenöl füllen. Das Öl auf 180 °C erhitzen (ein Brotwürfel bräunt darin in 30 Sekunden). Den Teig in einen Spritzbeutel mit Sterntülle füllen und 4–5 längere Stränge in das heiße Öl drücken. 2–3 Minuten frittieren, bis sie knusprig und goldbraun sind. Die Stücke herausnehmen und auf Küchenpapier abtropfen lassen, während die restlichen Churros frittiert werden.

Zucker und Zimt in eine große, flache Schale geben und gut vermengen. Die Churros im Zimtzucker wenden, bis sie leicht damit bedeckt sind.

Für die Schokoladensauce alle Zutaten in einer hitzebeständigen Schüssel auf ein siedendes Wasserbad setzen und gelegentlich umrühren, bis alles geschmolzen und die Masse glatt ist.

Die Churros in die Schokoladensauce tunken. Anschließend die Schokolade fest werden lassen.

Zitronenkekse

Süßes & Gebäck

Zutaten für 16 Stücke

- 115 g weiche Butter, plus etwas mehr zum Einfetten
- 55 g Feinzucker
- fein abgeriebene Schale von 1 kleinen Zitrone
- 175 g Mehl
- 1¾ TL Backpulver

So geht's

Den Backofen auf 180 °C vorheizen. Zwei große Backbleche leicht einfetten. Die Butter in einer großen Schüssel 1 Minute mit einem Holzlöffel ganz weich rühren. Dann langsam Zucker und Zitronenschale einrühren.

Mehl und Backpulver einsieben und rühren, bis sich ein streuseliger Teig ergibt. Den Teig mit den Händen zusammendrücken und sanft glatt kneten. In 16 Portionen aufteilen und jede zu einer walnussgroßen Kugel formen. Die Kugeln auf die vorbereiteten Backbleche legen und ausreichend Abstand zwischen ihnen lassen, damit sie sich ausbreiten können. Die Zinken einer Gabel in kaltes Wasser tauchen und die Teigkugeln damit flach drücken.

12–15 Minuten im vorgeheizten Ofen backen, bis sie blass golden aussehen. 1–2 Minuten auf den Backblechen ruhen und anschließend auf einem Kuchengitter vollständig auskühlen lassen.

Apfel-Haferflocken-Kekse

Süßes & Gebäck

Zutaten für 26 Stück

- 1 großer Apfel
- 1 TL Zitronensaft
- 225 g weiche Butter, plus etwas mehr zum Einfetten
- 100 g brauner Zucker
- 100 g Feinzucker
- 1 Ei
- 225 g Mehl
- 2¼ TL Backpulver
- 150 g Haferflocken
- 85 g Rosinen

So geht's

Den Backofen auf 180 °C vorheizen. Drei große Backbleche einfetten. Den Apfel schälen, vom Kerngehäuse befreien und würfeln. Im Zitronensaft wenden.

Butter, braunen Zucker und Feinzucker in einer großen Schüssel cremig rühren. Das Ei mit dem Schneebesen unterschlagen. Mehl und Backpulver einsieben und Haferflocken, Rosinen und Apfelstücke zufügen. Sorgfältig zu einem Teig rühren. Für jeden Keks 1 Esslöffel Teig mit ausreichend Abstand auf die vorbereiteten Backbleche geben.

12–15 Minuten im vorgeheizten Ofen garen, bis die Ränder goldbraun sind. 5–10 Minuten auf den Backblechen ruhen lassen und anschließend auf einem Kuchengitter vollständig auskühlen lassen.

Erdnussbutter-Kekse

Süßes & Gebäck

Zutaten für 26 Stück

- 115 g weiche Butter
- 125 g grobe Erdnussbutter
- 100 g Feinzucker
- 115 g brauner Zucker
- 1 Ei
- ½ TL Vanilleextrakt
- 85 g Mehl
- ½ TL Speisenatron
- ½ TL Backpulver
- 1 Prise Salz
- 140 g Haferflocken

So geht's

Den Backofen auf 180 °C vorheizen. Mehrere Backbleche mit Backpapier auslegen.

Butter und Erdnussbutter in einer Schüssel verrühren. Feinzucker und braunen Zucker unterrühren, dann Ei und Vanilleextrakt einarbeiten. Mehl, Speisenatron, Backpulver und Salz in die Schüssel sieben und dann die Haferflocken unterrühren.

Mit einem Löffel Teigportionen auf die vorbereiteten Backbleche geben und ausreichend Abstand zwischen ihnen lassen, damit sie sich ausbreiten können. Mit einer Gabel leicht flach drücken. 12 Minuten im vorgeheizten Ofen backen, bis die Kekse leicht goldbraun sind. 2 Minuten auf den Backblechen abkühlen lassen und anschließend auf Kuchengittern vollständig auskühlen lassen.

Apfelchips mit Zimt

Süßes & Gebäck

Zutaten für 4 Personen

- 1 l Wasser
- 1 EL Meersalz
- 3 ungeschälte Äpfel, z. B. Braeburn oder Gala
- 1 Prise Zimt

So geht's

Den Backofen auf 110 °C vorheizen. Das Wasser mit dem Salz in eine große Rührschüssel geben und so lange rühren, bis das Salz aufgelöst ist.

Die Äpfel mit einem scharfen Messer oder einer Mandoline in feine Scheiben schneiden, dabei Schale und Kerngehäuse nicht entfernen, nur die Kerne entfernen. Die Scheiben ins Salzwasser legen, sodass sie damit überzogen sind und nicht braun werden.

Die Apfelscheiben in einem Durchschlag abtropfen lassen, dann mit einem Küchentuch trocken tupfen. In einer Schicht auf einen Backofenrost legen, sodass die Hitze um die Scheiben zirkulieren kann.

1½–2 Stunden backen, bis die Apfelscheiben trocken und knusprig sind. Mit einem Palettenmesser lösen und auf eine Platte oder ein Schneidebrett legen. Mit dem Zimt bestreuen. Vollständig abkühlen lassen.

Apple Pie

Süßes & Gebäck

Zutaten für 8 Stück

Teig

- 350 g Mehl, plus etwas mehr zum Bestäuben
- 1 Prise Salz
- 80 g Butter oder Margarine, gewürfelt
- 80 g Schmalz oder Pflanzenfett, gewürfelt
- 6 EL kaltes Wasser
- verquirltes Ei oder Milch, zum Bestreichen

Füllung

- 750 g – 1 kg Kochäpfel, geschält, entkernt, in Scheiben
- 125 g Feinstzucker, plus etwas mehr zum Bestreuen
- ½ – 1 TL Zimt, Apfelstrudelgewürz oder gemahlener Ingwer

So geht's

Für den Teig Mehl und Salz in eine Schüssel sieben. Butter und Schmalz hineinreiben, bis eine feinkrümelige Masse entstanden ist. Das Wasser zufügen und rasch alles zu einem Teig verkneten. In Frischhaltefolie einschlagen und 30 Minuten im Kühlschrank ruhen lassen.

Den Backofen auf 220 °C vorheizen. Knapp zwei Drittel des Teiges auf einer leicht bemehlten Arbeitsfläche zu einem 30 cm großen Kreis ausrollen und eine tiefe Pie- oder eine Quicheform (24 cm Ø) damit auslegen.

Für die Füllung Apfelscheiben, Zucker und Gewürz in einer Schüssel sorgfältig vermengen. Die Äpfel in den Teigboden füllen. Wenn die Äpfel nicht sehr saftig sind, die Füllung mit 1–2 Esslöffeln Wasser beträufeln.

Den restlichen Teig auf einer leicht bemehlten Arbeitsfläche zu einem passenden kreisrunden Deckel ausrollen. Den Rand des Teigbodens mit Wasser befeuchten und den Teigdeckel darauflegen. Gut andrücken und mit den Fingern ein dekoratives Muster eindrücken. Aus den Teigresten Blätter oder andere dekorative Formen ausschneiden, mit Wasser befeuchten und auf dem Teigdeckel anbringen. Den Teigdeckel mit Ei bestreichen und 1–2 Schlitze hineinstechen. Die Form auf ein Backblech setzen.

Im vorgeheizten Ofen 20 Minuten backen. Dann die Temperatur auf 180 °C reduzieren und weitere 30 Minuten backen, bis der Pie goldbraun ist. Mit etwas Zucker bestreuen und beim Picknick in Stücke geschnitten servieren.

Zimtröllchen

Süßes & Gebäck

Zutaten für 8 Stück

- 40 g Muskovado-Zucker
- 40 g weiche Butter, plus etwas mehr zum Einfetten
- 1½ TL Zimt
- 250 g Croissant-Teig (aufgerollt aus der Dose)
- 40 g Puderzucker, gesiebt
- 1½ TL lauwarmes Wasser

So geht's

Den Backofen auf 200 °C vorheizen. Acht Mulden einer 12er-Muffinform einfetten. Zucker, Butter und Zimt in einer Schüssel glatt rühren.

Den Croissant-Teig ausrollen, aber nicht in die markierten Dreiecke trennen. Die Zimtbutter über die gesamte Länge des Teiges streichen. Von einer kurzen Seite her den Teig vorsichtig aufrollen. Mit einem scharfen Messer in acht Scheiben schneiden. In jede der acht Mulden der Muffinform eine Scheibe mit der flachen Seite nach unten legen und vorsichtig andrücken.

10–14 Minuten im vorgeheizten Ofen backen, bis die Zimtröllchen aufgegangen und goldbraun sind. In der Zwischenzeit Zucker und Wasser in einer kleinen Schüssel zu Zuckerguss rühren. Die Röllchen 1–2 Minuten in der Backform auskühlen lassen und dann auf ein Kuchengitter legen. Mit einem Teelöffel den Zuckerguss auf die heißen Röllchen träufeln. Zuckerguss fest werden lassen.

Rhabarber-Zitronen-Kuchen

Süßes & Gebäck

Zutaten für 9 Stück

- 300 g Rhabarberstangen, abgezogen und in 2-cm-Stücke geschnitten
- 100 g gemahlene Mandeln
- 115 g Vollkornreismehl
- 1½ TL Backpulver
- 1 reife Banane, zerdrückt
- 150 ml Reiskleieöl
- 115 g Muskovado-Zucker
- abgeriebene Schale von 1 Zitrone
- 3 Eier
- 25 g Mandelkerne, grob gehackt

Sirup

- Saft von 2 Zitronen
- 60 g Muskovado-Zucker

So geht's

Den Backofen auf 180 °C vorheizen. Eine rechteckige Backform (20 cm × 30 cm) mit Backpapier auslegen.

Den Rhabarber in eine trockene Auflaufform legen und 10 Minuten im vorgeheizten Ofen backen, bis er fast weich ist. Aus dem Ofen nehmen, aber diesen nicht ausschalten.

Gemahlene Mandeln, Mehl und Backpulver in einer Schüssel vermengen.

Banane, Öl, Zucker und Zitronenschale in einer zweiten Schüssel glatt rühren. Nacheinander die Eier einrühren, dann die Mehlmischung einarbeiten.

Den Teig in die vorbereitete Backform füllen und die Rhabarberstücke darauf verteilen. 25–30 Minuten backen, bis der Kuchen gut aufgegangen ist und bei Fingerdruck elastisch nachgibt.

Für den Sirup Zitronensaft und Zucker vermischen. Den Kuchen mit der Hälfte des Sirups tränken und 1–2 Minuten ziehen lassen. Den restlichen Sirup darübergießen, mit den gehackten Mandeln bestreuen und in der Form abkühlen lassen.

Den Kuchen aus der Form nehmen, das Papier abziehen und den Kuchen in 9 kleine Stücke schneiden.

Kokos-Dattel-Schnitten

Süßes & Gebäck

Zutaten für 12 Stücke

- 400 g Datteln, halbiert und entsteint
- 60 g ungeschälte Mandelkerne
- 60 g Cashewkerne, gehackt
- 35 g Chiasamen
- 2 EL Macapulver
- 2 TL Vanilleextrakt
- 20 g Kokosraspel
- 55 g Haselnusskerne, grob gehackt
- 25 g Pekannusskerne, in Hälften gebrochen

So geht's

Datteln, Mandeln und Cashewstücke in eine Küchenmaschine geben und fein hacken.

Chiasamen, Macapulver und Vanilleextrakt zufügen und weitermixen, bis die Mischung sich zu einer Kugel formt.

Zwei Lagen Backpapier vorbereiten. Eine auf die Arbeitsfläche legen und mit der Hälfte der Kokosraspel bestreuen. Die Teigkugel darauflegen, dann mit den Fingerspitzen zu einem Rechteck drücken. Mit der zweiten Lage Backpapier abdecken und zu einem 20 cm breiten und 30 cm langen Rechteck ausrollen. Das obere Backpapier abnehmen und die Dattelmasse mit Haselnüssen, Pekannüssen und restlichen Kokosraspeln bestreuen. Dann wieder abdecken und mit einer Teigrolle die Nüsse leicht in den Teig drücken.

Das obere Backpapier lockern, dann den Teig mithilfe des unteren Papiers auf ein Backblech legen und 3 Stunden oder über Nacht in den Kühlschrank stellen, bis die Masse fest ist.

Das obere Backpapier abnehmen, die Platte in zwölf Stücke schneiden, die Schnitten vom Papier lösen und in einen Kunststoffbehälter legen. Zwischen die einzelnen Stücke Backpapier schichten, damit sie beim Lagern nicht aneinanderkleben.

Mandel-Aprikosen-Schnitten

Süßes & Gebäck

Zutaten für 15 Stück

- 115 g Kokosfett
- 85 g Muskovado-Zucker
- 60 g Mandelbutter oder andere Nussbutter
- 1 Apfel, grob gerieben
- 150 g Haferflocken
- 40 g braunes Reismehl
- 55 g Mandelkerne, grob gehackt
- 40 g Sonnenblumenkerne
- 200 g getrocknete Aprikosen, gewürfelt

So geht's

Den Backofen auf 180 °C vorheizen. Eine quadratische Backform (20 cm × 20 cm) oder eine Springform mit Backpapier auslegen.

Kokosfett und Zucker in einem Topf auf niedriger Stufe erhitzen, bis das Fett schmilzt und der Zucker sich auflöst. Vom Herd nehmen und die Mandelbutter einrühren, bis die Masse glatt ist.

Apfel, Haferflocken, Mehl, Mandeln und Sonnenblumenkerne einrühren.

Zwei Drittel der Mischung in die vorbereitete Form löffeln und leicht andrücken. Die Aprikosen darüberstreuen und leicht in die Haferflockenmischung drücken. Die restliche Mischung so darübergeben, dass einzelne Aprikosenstückchen noch sichtbar sind.

Im vorgeheizten Ofen 25 Minuten backen, bis die Oberfläche goldbraun ist. Aus dem Ofen nehmen und fast ganz erkalten lassen. Dann in 15 Rechtecke schneiden. Die einzelnen Schnitten in einen Kunststoffbehälter geben.

Zitronenbiskuit

Süßes & Gebäck

Zutaten für 9 Stück

- 115 g weiche Butter, plus etwas mehr zum Einfetten
- 115 g Feinzucker
- 115 g Mehl
- 1 TL Backpulver
- 2 Eier
- fein abgeriebene Schale und Saft von ½ Zitrone

Glasur

- 85 g Zucker
- fein abgeriebene Schale und Saft von ½ Zitrone

So geht's

Den Backofen auf 200 °C vorheizen. Eine flache, quadratische Backform (20 cm x 20 cm) einfetten und Boden und Seiten mit Backpapier auslegen. Butter, Zucker, Mehl, Backpulver, Eier, abgeriebene Zitronenschale und Zitronensaft in einer Schüssel 1–2 Minuten mit dem elektrischen Handmixer cremig rühren.

Den Teig in die vorbereitete Backform füllen und glatt streichen. 20–25 Minuten im vorgeheizten Ofen backen, bis der Teig goldbraun aufgegangen ist und sich fest anfühlt. In der Zwischenzeit die Glasur vorbereiten. Zucker, abgeriebene Zitronenschale und Zitronensaft in einer kleinen Schüssel vermengen.

Den Kuchen aus dem Ofen nehmen und die Oberfläche überall mit einem Zahnstocher einstechen. Die Glasur über den heißen Biskuitkuchen geben. In der Backform auskühlen lassen – die Glasur wird knusprig, wenn der Kuchen kalt ist. Aus der Backform nehmen und in Stücke schneiden.

Donuts mit Gewürzzucker

Süßes & Gebäck

Zutaten für 12 Stück

- 115 g Mehl
- 1¾ TL Backpulver
- 70 g Feinzucker
- 1 TL Lebkuchen-Gewürzmischung
- 75 ml Milch
- 1 Ei, verquirlt
- ½ TL Vanilleextrakt
- 25 g Butter, zerlassen, plus etwas mehr zum Einfetten

Zuckerbelag

- 2 EL Feinzucker
- 1 TL Lebkuchen-Gewürzmischung

So geht's

Den Backofen auf 190 °C vorheizen. Die Mulden einer 12er-Mini-Muffinform sorgfältig einfetten. Mehl und Backpulver in eine Schüssel sieben und mit Zucker und Gewürzmischung vermengen. Eine Mulde in die Mitte drücken. Milch, Ei, Vanilleextrakt und zerlassene Butter verrühren und in die Mulde geben. Alle Zutaten mit einem Holzlöffel verrühren.

Den Teig in einen Spritzbeutel mit runder Tülle füllen (die Tülle vor dem Einfüllen verschließen, damit der Teig nicht ausläuft, und erst vor dem Spritzen wieder öffnen). Den Teig so akkurat wie möglich in die vorbereitete Backform spritzen. Jede Vertiefung sollte etwa zu zwei Dritteln gefüllt sein.

10–12 Minuten im vorgeheizten Ofen backen, bis die Donuts aufgegangen und goldbraun sind – sie sollten sich fest anfühlen. Zucker und Gewürzmischung auf einem Teller vermischen. Die Donuts 2–3 Minuten in der Backform abkühlen lassen und dann vorsichtig herausnehmen. Im Gewürzzucker wenden, bis sie ganz bedeckt sind, und auskühlen lassen.

Kokos-Haselnuss-Trüffel

Süßes & Gebäck

Zutaten für 20 Stück

- 85 g ungeschälte Haselnusskerne
- 55 g Kakaosplitter, plus
- 1 EL mehr zum Dekorieren
- 6 weiche getrocknete Feigen, grob gehackt
- 25 g Kokosraspel, plus 2 EL mehr zum Dekorieren
- 1 EL Ahornsirup
- fein abgeriebene Schale und Saft von ½ kleinen Orange

So geht's

Haselnüsse und Kakaosplitter in eine Küchenmaschine geben und sehr fein hacken.

Feigen, Kokosraspel, Ahornsirup, Orangenschale und Orangensaft zugeben und weitermixen, bis die Mischung sich zu einer Kugel formt.

Die Mischung aus der Küchenmaschine heben und in 20 gleich große Portionen aufteilen. Jede mit der Hand zu einem Trüffel rollen.

Auf Backpapier oder auf einem großen Teller den zusätzlichen Esslöffel Kakaosplitter fein hacken und mit den zusätzlichen Kokosraspeln vermischen. Die Trüffel nacheinander in der Kakao-Kokosnuss-Mischung wälzen und in einen Kunststoffbehälter geben.

Mohn-Sesam-Brötchen

Süßes & Gebäck

Zutaten für 8 Stück

- 500 g Mehl (Type 550), plus etwas mehr zum Bestäuben
- 1 TL Salz
- 1 Tütchen Trockenhefe
- 1 EL Pflanzenöl, plus etwas mehr zum Bestreichen
- 350 ml lauwarmes Wasser
- 1 Ei, verquirlt
- Sesam- und Mohnsaat, zum Bestreuen

So geht's

Mehl, Salz und Hefe in einer großen Schüssel vermischen. Öl und Wasser zugießen und mit den trockenen Zutaten zu einem glatten Teig verarbeiten.

Den Teig auf einer leicht bemehlten Arbeitsfläche 5–7 Minuten kräftig durchkneten, bis er glatt und elastisch ist.

Eine Schüssel mit Öl ausstreichen. Den Teig zu einer Kugel formen und in die Schüssel geben. Mit einem feuchten Tuch abdecken und an einem warmen Ort 1 Stunde gehen lassen, bis sich das Teigvolumen verdoppelt hat.

Den Teig auf einer leicht bemehlten Arbeitsfläche nochmals kurz durchkneten, dann in acht Portionen teilen. Die Hälfte davon zu einfachen runden Brötchen formen, aus den anderen vier große und vier kleine Kugeln formen und diese aufeinandersetzen. Alle acht Brötchen auf ein mit Backpapier belegtes Backblech setzen.

Abgedeckt an einem warmen Ort weitere 30 Minuten gehen lassen, bis sich das Volumen der Brötchen verdoppelt hat.

Inzwischen den Backofen auf 220 °C vorheizen. Die Brötchen mit dem Ei bestreichen und mit den Saaten bestreuen. Im vorgeheizten Ofen 10–15 Minuten backen, bis sie goldbraun sind. Die Brötchen sind durchgebacken, wenn sie sich beim Klopfen gegen die Unterseite hohl anhören. Auf einem Kuchengitter erkalten lassen.

Früchtebrot

Süßes & Gebäck

Zutaten für 1 Laib

- 500 g Mehl (Type 550), plus etwas mehr zum Bestäuben
- 1 Prise Salz
- 2 TL Lebkuchengewürz
- 120 g Butter, gewürfelt
- 1 Tütchen Trockenhefe
- 120 g feiner Rohrohrzucker
- 120 g Korinthen
- 120 g Sultaninen
- 25 g Orangeat, gehackt
- 25 g Zitronat, gehackt
- fein abgeriebene Schale von 1 Orange
- 1 Ei, verquirlt
- 150 ml lauwarme Milch
- Pflanzenöl, zum Einfetten

So geht's

Mehl, Salz und Lebkuchengewürz in eine große Schüssel sieben. Die Butter mit den Fingerspitzen einarbeiten, bis die Mischung feinkrümelig ist. Hefe, Zucker, Trockenfrüchte, Orangeat, Zitronat und Orangenschale untermischen. Ei und Milch zugeben und alles zu einem weichen Teig verarbeiten.

Den Teig auf einer leicht bemehlten Arbeitsfläche kurz durchkneten. Eine Schüssel mit Mehl bestäuben. Den Teig zu einer Kugel formen und in die Schüssel geben. Abgedeckt an einem warmen Ort 2 Stunden gehen lassen.

Eine Kastenform (1 l Inhalt) einfetten. Den Teig auf einer leicht bemehlten Arbeitsfläche nochmals kurz durchkneten, dann in die Form geben. Abgedeckt an einem warmen Ort weitere 20 Minuten gehen lassen. Inzwischen den Backofen auf 180 °C vorheizen. Das Früchtebrot darin 1 Stunde 10 Minuten backen, bis es gut aufgegangen und goldbraun ist. Das Brot in der Form erkalten lassen. Anschließend aus der Form lösen und in Scheiben schneiden.

Milchbrötchen

Süßes & Gebäck

Zutaten für 4 Personen

- 125 ml Milch
- 4 EL Wasser
- 5 EL weiche Butter, plus etwas mehr zum Bestreichen
- 350 g Mehl (Type 550), plus etwas mehr zum Bestäuben
- 1 Tütchen Trockenhefe
- 1 EL Zucker
- ½ TL Salz
- 1 großes Ei, verquirlt
- Sonnenblumenöl, zum Einfetten

So geht's

Milch, Wasser und 2 Esslöffel Butter in einem Topf erwärmen. Mehl, Hefe, Zucker und Salz mischen und eine Vertiefung in die Mitte drücken. 6 Esslöffel Milchmischung und das Ei hineingeben und das Mehl einarbeiten. Die restliche Milchmischung nach und nach unterkneten.

Eine Schüssel mit Öl ausstreichen. Den Teig auf einer leicht bemehlten Arbeitsfläche 8–10 Minuten kräftig durchkneten, bis er glatt und elastisch ist. Den Teig zu einer Kugel formen und abgedeckt an einem warmen Ort 1 Stunde gehen lassen, bis sich das Teigvolumen verdoppelt hat.

Den Teig auf einer bemehlten Arbeitsfläche kurz durchkneten. Mit der umgedrehten Schüssel abdecken und weitere 10 Minuten gehen lassen. Den Backofen auf 200 °C vorheizen und ein Backblech mit Mehl bestäuben. Die restliche Butter in einem Topf bei mittlerer Hitze zerlassen.

Eine Teigrolle leicht mit Mehl bestäuben und den Teig 5 mm dick ausrollen. Mit einer Ausstechform (8 cm Ø) 12 Kreise ausstechen. Die Teigreste zusammenkneten und neu ausrollen. Jede Kreismitte mit zerlassener Butter bestreichen. Den Teig mit einem bemehlten Kochlöffelstiel ringsum eindrücken. Die Teigränder nach innen schlagen und zusammendrücken. Brötchen auf das Backblech setzen und mit einem Tuch abdecken.

Die Brötchen dünn mit zerlassener Butter bestreichen und im Ofen backen, bis sie goldbraun sind und sich beim Klopfen gegen die Unterseite hohl anhören. Auf einem Kuchengitter erkalten lassen.

Register

Wok

Grillen
Leckeres und Raffiniertes vom Grill

Nudel Gerichte
Das Beste aus der ganzen Welt

Salate
Grün und bunt, frisch und knackig

Tapas

Schokolade
Schoko-Träume, die glücklich machen

Schnelle Gerichte

Cocktails

Desserts

Partyküche

Cupcakes & Muffins

Vegan
Unkomplizierte Gerichte für jeden Tag

Säfte & Shakes

Studenten Küche

Vegetarisch
Leckeres aus der gesunden Küche

Backen